영어 도사 제2권

영어도사 제2권
ⓒ 김영로
Printed in Seoul, KOREA

발행일 | 초판 1쇄 2017년 11월 20일
지은이 | 김영로
펴낸이 | 정청월
편집인 | 우현
펴낸 곳 | 미륵사(MAITRI BOOKS)
주소 | 서울시 중구 신당동 404-1, 4층
등록번호 | 2015-000196
전화 | 010-8395-8881
Email | chongwol@yahoo.com
책값 | 10,000원
ISBN | 979-11-957211-8-4  14840
ISBN | 979-11-957211-3-9  14840 (세트)

도사들의 가르침을 통해 배우는 영어도사~인생도사 비법!

## MASTER'S ENGLISH ❷

# 영어 도사 2

김영로 편저

미륵사

## 머리말

도사(道士)의 길은 행복한 길!

그에게는 모든 게 배움과 성장,

깨달음과 행복 자원이니,

이보다 더 행복한 길은 없네.

모든 분들이 탐착과 미움에서 벗어나서

평등심의 안락에 머무소서.

모든 분들이 행복과 행복의 원인들을 가지소서.

모든 분들이 고통과 고통의 원인들로부터 벗어나소서.

모든 분들이 슬픔 없는 기쁨과 헤어지지 마소서.

가장 행복하게 공부하며 살아가는 비법

매순간

당신이 만나는 모든 것, 모든 경험,

공부할 내용 하나하나, 단어 하나까지도

당신의 지혜와 사랑을 길러줄

소중한 행복 자원으로 생각하라.

그러면 매순간 당신은

행복으로부터 더 큰 행복으로

나아가게 될 것이다.

# CONTENTS

신나는 탐구여행:
라틴어 어원을 통해 영단어를 줄줄이!!

*01* : OF (고대 불어) _ *tourner* '돌돌' 돌다 · *08*

*02* : L *tortura* ('비틀어') 비틀기, 고문 · *09*

*03* : L *vadere* (to go) 가다 · *11*

*04* : L *vagari* 헤매다 · *13*

*05* : L *vertere* '벨벨' 돌리다 · *17*

*06* : L *volvere* '볼볼' 구르다 · *39*

*07* : L *voloper* '볼볼/돌돌' 싸다 · *44*

*08* : L *sedere* 앉다 · *54*

*09* : L *sistere* 서있게 하다, 세우다 · *56*

*10* : L *stare* → stance (서있음) 서있는 자세 · *68*

*11* : L *ponere* (to put) 놓다 · *97*

*12* : Gr (그리스어) _ *tithenai* (to put, place) 놓다 · *112*

*13* : L *ferre* (to bring, bear) '퍼' 가져오다, 낳다 · *114*

*14* : L *gerere* (to carry) 나르다 · *126*

*15* : L *mittere* '밀어' 내보내다 · *130*

# MASTER'S ENGLISH

16 : 운동, 이동 motion · *141*

17 : 변화 mutate · *147*

18 : L *pellere* '펄펄' 몰다 · *150*

19 : '꽉꽉' 누르다 press · *154*

20 : L *fundere* '풍덩' '퍼서' 쏟아 붓다 · *159*

21 : L *jacere*, to throw '작' 던지다 · *162*

22 : L *tractus* '타닥타닥' tractor로 끌다 · *165*

23 : L *stringere* (to draw) (string 끈으로 '탱탱') 끌어당기다 · *175*

24 : L *tendere* (to stretch) 뻗다 · *179*

## 01 고대 불어 _ *tourner* '돌돌' 돌다

> ○ '돌돌' 돌아가다

**tour** (<고대 불어 *tourner*, to turn (돌다) 여행(하다)
**tourism** 관광 여행, 관광 사업
**tourism industry** 관광 산업
**tourism** infrastructure 관광 사업 기반

**tourist** 관광객

**contour** ('함께 돌아가다') 윤곽, **contour line** 등고선
**detour** ('떨어져/벗어나서 돌아가다') 우회(하다)

> 행복비결: 마음의 여유

The really happy person is one who can enjoy the scenery even when (he is) on a detour.

진실로 행복한 사람은 우회로로 돌아갈 때도 경치를 즐길 수 있는 사람이다. (표현) be on a tour 여행 중이다. be on a detour 우회하는 중이다.

**attorney** (다른 분에게 '로 향하는/대신하는' 사람) 변호사
**attorney general** (미) 주의 검찰 총장, 연방 정부의 법무장관

## 라틴어 _tortura_ ('비틀어') 비틀기, 고문　02

### ○ '톨톨' 비틀다

< L _tortura_ (비틀기), 고문

**contort** ('함께/전부 비틀다') 일그러지게 하다 (deform)

### 순해순역

"Oh, Mom!" VJ whined, his face contorting / into an expression of extreme distaste.

"오, 엄마!" VJ가 불평했는데, 그의 얼굴은 일그러져 / 나타냈다, 극도의 불쾌감을.

　　distort ('떼어 비틀다.' 비틀어서 본래의 모습으로부터 떨어지게 하다) 왜곡하다. distortion 왜곡

### 영어의 큰 그림: Key Words

They are as twisted as crooked old trees, so whatever their mind perceives becomes distorted too.

그들은 굽은 나무처럼 비뚤어져있다. 그래서 뭐든 그들의 마음이 지각하는 것도 비뚤어지게 된다.
**문맥 :** distorted = twisted = crooked

extort ('비틀어 나오게 하다') 강탈/강요하다, 부당하게 취득하다
extortion 강탈/강요, 부당 취득

retort ('되받아 비틀다') 말대꾸하다
torch ('비튼 것') (명) 횃불. (동) 불을 붙이다 (set fire to)
torment ('비틀다') (동) 괴롭히다. (명) 고뇌

**논리구조: 원인과 결과 * in turn = as a result [결과 안내어구]**

Illness causes physical torment, which, in turn, produces mental anguish.

문맥 : produces = causes. anguish = torment

질병 → 신체적 고통 (그 결과로) → 정신적 고통
표현 : in turn = as a result 그 결과로

torture 고문

라틴어 _ *vadere* (to go) 가다   03

## ○ 가다

*Quo **Vadis**, Domine*? 어디로 가시나요, 주님?
바다로 간다!

evade <*e-*, out + *vadere* (to go): 밖으로 (빠져나) 가다 →
회피하다. (n.) evasion 회피. * tax evasion 탈세
→ avoid ('비우다') 피하다 <void (empty) 빈

He was once indicted for income tax evasion.
그는 한때 기소 당했다 - [왜?] 소득세를 내지 않아서.

### 자리센스

You cannot escape the responsibility of tomorrow / by evading it today.      - Abraham Lincoln

당신(우리들)은 내일의 책임을 피할 수 없다, 오늘 그걸 피한다고 해서.

escape the responsibility of tomorrow
evade it (= evade the responsibility). 두 동사의 목적어가 동일하므로 → evade = escape

*11*

invade ('안으로 가다') 침입하다, 침해하다. invasion 침입, 침략 invasive 침입적인 ↔ noninvasive

The tiny device is implanted into the body and delivers small, constant doses of medication, a less invasive alternative than surgery.

이 작은 장치가 체내에 심어져서 소량의 약을 항상 전달해주는데, 이것은 수술보다 덜 신체 속으로 뚫고 들어가는 대안[방법]이다.

pervade <per-, through + vadere: '두루 가다' → 널리 퍼지다

Mind is a fundamental and all-pervasive property of the universe.                                  - David Darling, Physicist

마음[의식]은 우주의 근본적이고 모든 곳에 퍼져있는(편재하는) 속성이다.                      - 데이비드 달링, 물리학자

wade <vadere: (물이나 눈과 같은 저항하는 물질을 통해) 걷다, 힘들게 나아가다

## 라틴어 _ *vagari* 헤매다 04

### ○ 헤매다

<L *vagari* (to wander) 헤매다
**vagary** ('헤맴') 변덕 (whim; caprice)

vagrant 헤매는, 방랑하는
extravagant ('지나치게 헤매는') 지나친 (excessive), 너무 장식적인, (too ornate) 너무 비용이 많이 드는, 낭비적인 (wasteful)
vagabond (형) 방랑/유랑하는, (명) 방랑/유랑자
vague ('헤매는') 애매한 (obscure), 불확실한 (uncertain)

### 명상자료: 마음 분산→마음 불안/ 마음 집중→마음 안정

Research indicates that we are spending <u>about 47% of our waking moments</u> thinking about something other than what we are doing in that moment. This constant mind wandering can lead to unnecessary stress and anxiety.

연구에 의하면 우리는 약 47%의 깨어있는 순간을 사용해서 생각한다고 한다, 그 순간에 하고 있는 일이 아닌 다른 어떤 것에 대해서. 이러한 끊임없는 마음의 방황이 불필요한 스트레스와 불안을 초래할 수 있다.

**표현 :** <u>spend</u> x <u>doing</u> y: x를 사용해서 y를 하다

A study conducted by Harvard professor Daniel Gilbert estimated that 46.9% of the mind is spent "wandering."

하버드 교수 대니엘 길버트가 실시한 조사의 추산에 의하면 마음[의식]의 46.9%가 헤매는 데에 소비된다고 한다.

표현 : to <u>conduct</u> a study = to study

"Being present means simply having a moment-to-moment <u>awareness of</u> what's happening. It means <u>paying attention to</u> what's going on rather than being caught up in your thoughts."

"[거기에 의식이] 가있다는 것이 의미하는 것은 단지 일어나고 있는 것에 대해 순간으로부터 순간으로 이어지며 알고 있다는 것이다. 그것이 의미하는 것은 현재 일어나고 있는 것에 우리가 주의(의식)를 기울이고 우리의 생각 속에 잡혀있지 않다는 것이다."

문맥 : paying attention to = being aware of

roam 목적 없이 돌아다니다, 배회하다
nomad (<roam. '목초지를 찾아 돌아다님') 유목민
amble ('이리저리 돌아다니다') 한가롭게 걷다 <*ambi-* 이리저리 + wander
ambulance 앰뷸런스

### 건강비결: 운동

People who <u>ambled</u> around for <u>about two minutes every hour</u> had about a 33% lower risk of dying prematurely than the people who just stayed seated the whole time.

매시간마다 2분 정도 이리저리 걸어 다닌 사람들은 약 33% 조기 사망 위험이 낮았다. 한 시간 꼬박 자리에 앉아있기만 한 사람들보다.

문맥 : amble around ↔ stay seated

vary ('변하다') <vacillate 파도(wave)처럼 왔다 갔다 하다
various ('변하는') 다양한
variety 다양성

Variety's the very spice of life, That gives it all its flavor.
다양성이 인생의 양념이다. 이것이 인생에 모든 맛을 준다.

variable (형) 변할 수 있는, (명) 변할 수 있는 것(변수)
→ constant 상수

## 문맥센스

Sure, we all know that an Ivy League education, a stint at a blue-chip firm, and stellar sales skills can help us get ahead. But it may surprise you just how many other, seemingly random variables can contribute to your professional success.

물론, 우리는 모두 알고 있다, 일류 대학 교육, 우수한 기업에서의 근무와 뛰어난 판매 기술이 우리가 성공하는 데에 도움을 줄 수 있다는 것을. 그러나 아마 놀라운 것은 너무도 많은 기타 별 볼일 없어 보이는 변수[요인]들이 당신의 직업적인 성공에 도움을 줄 수 있다는 것이다.

**문맥** : contribute to your professional success = help us get ahead [in our profession] (get ahead = succeed)
**단어** : stint: a period of time doing a certain job or activity (근무나 활동 기간)

* be at variance with~와 다르다 (= be not in agreement with ~와 일치하지 않다)

invariable (안 변하는) 변함없는 ↔ variable
invariably (변함없이) 언제나(always)

### 순해순역

Beauty / of whatever kind,/ in its supreme development,/ invariably excites the sensitive soul / to tears.
- Edgar Allan Poe

아름다움은 /무슨 종류이든지,/ 최고로 발달된 형태에서는,/ 언제나 민감한 영혼을 흥분시켜서 / 눈물을 흘리게 만든다.
- 에드거 앨런 포

### 명상자료: 양면적인 지혜

The invariable mark of wisdom is to see the miraculous in the common.   - Ralph Waldo Emerson

지혜의 변함없는 표시는 흔한 것들에서 경이로운(흔하지 않은) 것들을 보는 것이다.   - 랠프 월도 에머슨

**문맥** : common ↔ miraculous (=uncommon)

## 라틴어 _ *vertere* '벨벨' 돌리다  05

### ○ (벨트를) 돌리다

<*vertere* 돌리다, 향하다

**verse** 운문 ↔ **prose** 산문

version

### 자리읽기

Many of these newer drugs will be replacing older versions.
이들 신약 중 다수가 이전의 약들을 대치할 것이다.

(자리) newer drugs - older versions → versions = drugs

### 벤저민 프랭클린의 글쓰기 공부 비법

If you're hoping to become a better writer, take a tip from Benjamin Franklin, who reportedly taught himself to write well by copying the style of essays published in the English gentleman's magazine *The Spectator*. Specifically, Franklin would read an essay, summarize it, and then try writing his own version to see if his was better than the original.

만일 당신이 글을 더 잘 쓰기 바란다면, 벤저민 프랭클린으로부터 비결을 배우라. 그는 사람들 얘기에 의하면 독학으로 글을 잘 쓰는 것을 배웠다고 하는데, 그 방법은 Spectator라는 영어로 된 남성 잡지에 실린 수필의 문체를 모방하는 것이었다. 특별히, 프랭클린은 어떤 수필을 읽고 그것을 요약한 다음 자기 자신의 방식대로 글을 써서 견주어보는 것이었다, 자기 것이 본래의 글보다 더 나은지.

advertise (*ad-*로 + *vertere* 향하다) ~로 주의를 기울이게 하다) 광고하다

**문맥센스**

Do not advertise your good qualities; do not conceal your faults.
자신의 장점은 알리지 말고, 자신의 단점은 숨기지 마라.

문맥 : advertise ↔ conceal. good qualities ↔ faults

advertisement
* to place an ad (advertisement) 광고를 내다

inadvertent ('아니 ~로 향하는'): not attentive; heedless (부주의한)
inadvertently: 부주의해서

adverse ('~로 돌아선,' 반대로 향한) 반대되는(opposed); 불리한 (unfavorable)
adversity 역경 ↔ prosperity 번영
misfortune 불운 ↔ good fortune 행운

### 명상자료: 세상에서 가장 좋은 생각 → 가장 큰 행복

Henceforth I ask not good fortune. I myself am good fortune.
- Walt Whitman

지금부터 나는 행운을 요구하지 않는다. 나 자신이 행운이니까.
- 월트 휘트먼

가장 높은 가르침에서는 자기 자신을 붓다로 (따라서 남들도 모두 붓다로) 생각하라고 한다. 그러면 우리가 어디에 머물든 그 곳은 붓다의 거처, 정토가 된다.

### 문맥센스: Key Words + 양면의 지혜

All the adversity I've had in my life, all my troubles and obstacles, have strengthened me... You may not realize it when it happens, but a kick in the teeth may be the best thing in the world for you.         - Walt Disney

내가 살아오면서 겪어온 모든 역경, 모든 고난과 장애는 나를 강하게 만들었다... 우리는 그때 깨닫지 못할 수 있으나, 가장 나쁜 일은 우리들에게 세상에서 가장 좋은 것일 수 있다.

**문맥 :** a kick in the teeth (= the worst thing) ↔ the best thing

### 양면의 지혜

Look for the opportunity in adversity!
역경(안 좋은 것)에서 기회(좋은 것)를 찾아라.

If we had no winter, the spring would not be so pleasant: if we did not sometimes taste of adversity, prosperity would not be so welcome.

만일 우리들에게 겨울이 없다면, 봄은 그렇게 즐겁지 않을 것이다. 만일 우리가 때때로 역경을 맛보지 않으면, 번영은 그렇게 반갑지 않을 것이다.

### 논리적인 읽기

They were not unacquainted with misfortune, having endured more than their share of adversity.

그들은 역경을 모르지 않았다. (왜?) 그들은 자기들 몫 이상의 역경을 견뎌냈으니까. (adversity = misfortune)

* be acquainted with ~에 대해 알고 있다↔be not acquainted with = be unacquainted with [상태표현]
  get acquainted with ~와 알게 되다 [동작표현]

### 문맥센스

We exaggerate misfortune and happiness alike. We are never as bad off or as happy as we say we are.
- Honore de Balzac

우리는 불운(불행)과 행복을 다 같이 과장한다. 우리는 한 번도 불행하거나 행복하지 않다, 우리가 말하는 것만큼 말이다.
- 오노레 드 발자크

**문맥** : misfortune (=unhappiness) ↔ happiness. bad off (=unhappy) ↔ happy

Ever since things have been going badly for the people here, they appeal to me incomparably better. Misfortune suits mankind immeasurably better than success. - Albert Einstein

사정이 여기 사람들에게 나쁘게 돌아간 후로 줄곧, 그들이 내게는 비교할 수 없이 더 좋아 보인다. 불운이 사람들에게는 성공(=행운)보다 더 잘 어울린다.
- 앨버트 아인슈타인

역경은 대인을 만들고, 번영은 소인을 만드는 것 같다.

Prosperity is no just scale; adversity is the only balance to weigh friends.
- Plutarch

번영은 바른 저울이 아니다, 역경이 친구들을 달아볼 유일한 저울이다. **문맥** : scale = balance
- 플루타크

### 유머 쉼터

By trying we can easily learn to endure adversity. Another man's, I mean.
— Mark Twain

노력하면 우리는 쉽게 배울 수 있다. 역경을 견디는 것을. 남의 역경을 말이다.
— 마크 트웨인

Few of us can stand prosperity. Another man's, I mean.
— Mark Twain

우리들 중에 번영을 견딜 수 있는 사람은 거의 없다. 다른 사람의 번영을 말이다.
— 마크 트웨인

---

adversary (자기와 '반대로 향한 사람') 상대편, 적

avert (*a-*(*ab-*), from + *vertere* (~로부터 돌리다) 외면하다; 막다(prevent). * to avert a crisis 위기를 막다

averse ('~로부터 돌아선') 반대하는; 용의가 없는(disinclined)
aversion 강렬한 싫어함(an intense dislike); 혐오

---

### Adverse / averse

Adverse means "detrimental." It does not mean "averse" or "disinclined." Correct: "There were adverse effects." "I'm not averse to doing that."

Adverse가 뜻하는 것은 "해로운"이다. 이것은 averse나 disinclined를 뜻하지 않는다. 바른 용법: "거기에는 해로운 영향이 있었다." "나는 그것을 할 용의가 없는 것은 아니다."

### 명상자료 : 손실 혐오

Behavioral finance – specifically the phenomenon of loss aversion – has taught us that we feel the pain of losing money twice as harshly as we feel the pleasure of gaining an equal amount.

행동 금융 – 특히 손실 혐오 현상 – 이 우리들에게 가르쳐준 것은 우리가 돈을 잃는 아픔을 두 배 더 심하게 느낀다는 것이다, 같은 양의 돈을 얻는 기쁨보다.

왜 그럴까? 이런 손실은, 심한 경우에는, 생명을 유지하는 데에 직접적인 위협이 될 수 있기 때문일 것이다.

**문맥** : loss aversion ↔ the pleasure of gaining (loss ↔ gain. aversion ↔ pleasure)

### 건강정보: 감정과 생명력 + 문맥센스 [모범적인 글]

When we feel aversion to experience
     our life-force is lessened.
When we see beauty, in even the worst situation,
     our life-force is enhanced.
Relative beauty can enliven the intellect and open us somewhat, but seeing the beauty of the purity of being feeds the life-force on a deeper level.

우리가 경험하는 것을 싫어하면,
     우리의 생명력이 감소된다.
우리가 아름다운 것을 보면, 심지어 최악의 상황에서도,

우리의 생명력은 향상된다.
상대적인 아름다움은 지성에 활력을 주고 우리들을 어느 정도 열리게 할 수 있다(향상된다). 그러나 존재의 청정의 (절대적인) 아름다움을 보면 우리의 생명력이 더 깊은 수준에서 영양을 얻는다(더 향상된다).

**문맥** : When we feel aversion to experience (=When we see ugliness) ↔ When we see beauty ~ (=When we feel love for experience).
lessen ↔ enhance. Relative beauty ↔ the beauty of the purity of being (=Absolute beauty)

## ☆ 구부리다
&lt;L *vergere*

converge ('함께 구부리다') 한 점에 모이다 ↔ diverge 갈라지다
convergent 한 점에 모이는, 집합적인 ↔ divergent 갈라지는 (분산적인), 다른 (different)

Two roads diverged in a wood and I - I took the one <u>less traveled</u> by, and that has made all the difference.
- Robert Frost

두 길이 숲 속에서 갈라졌다. 그리고 나 - 나는 사람들이 덜 다닌 길을 택했다. 그런데 그것이 모든 차이를 가져왔다.
- 로버트 프로스트

### 양면적인 지혜 → 창의력 향상

Stumped for an idea? Take a quick stroll around the block. Whether you need a solution to a problem at work or you're looking for inspiration for your novel, walking gets your creative juices flowing in all areas. A recent study found that walking improved both convergent and divergent thinking, the two types associated with enhanced creativity.

아이디어 때문에 어려움을 겪는가? 빠른 걸음으로 한 바퀴 산책하라. 직장에서 어떤 문제에 대한 해결책이 필요하든, 또는 당신의 소설을 위한 영감을 찾고 있든, 산책은 창의적인 액이 모든 영역에서 흐르게 한다. 최근의 한 연구에 의하면 산책은 집합적인 사고와 분산적인 사고를 둘 다 향상시켰는데, 이들 두 유형의 사고는 창의력의 향상과 관련이 있다고 한다. (문맥) stroll = walking. improve = enhance

converse ('함께/전부 방향을 바꾼') 역의, 반대의
conversely 거꾸로, 역으로
vice versa 역도 마찬가지
versus ('향한') A versus B: A 대(對) B

He hated his wife, and vice versa.
=He hated his wife, and his wife also hated her husband.
그는 자기 아내를 증오했다, 그런데 그 역도 마찬가지였다.

> 유머 쉼터 - 배꼽 운동 시간: 연인과 남편의 차이

The man as he converses is the lover; silent, he is the husband.　　　　　　　　　　　　　- Honore de Balzac

남자가 대화하면 그는 연인이고, 침묵하면 그는 남편이다.
　　　　　　　　　　　　　　　　- 오노레 드 발자크

= The man conversing is the lover; if he is silent ( he is the husband.

> inverse (밖이 '안과 바뀐') 반대의, 역의.
> * inverse ratio 반/역 비례
> inversely 반대로, 역으로

명상자료

The degree of one's emotions varies inversely with one's knowledge of the facts.　　　　　- Bertrand Russell

우리들의 감정의 정도는 달라진다, 우리들의 사실에 대한 지식과 반비례해서.　　　　　　　　　　　- 버트런드 러셀

According to the hedonic principle, people are motivated by the pursuit of pleasure and, conversely, the avoidance of pain.

쾌락의 원칙에 의하면, 사람들의 동기를 유발하는 것은 쾌락의 추구와, 반대로, 고통의 회피다.

## conversation 대화

### 문맥센스: Key Words

There were so many things about him that piqued my interest, and there was never a boring conversation.

그에게는 너무도 많은 것이 재미있었다. 그래서 한 번도 따분한 (재미없는) 대화가 없었다.

**문맥** : that piqued my interest (=interesting) ↔ boring (=uninteresting). pique ('픽픽' 찌르다) 불러일으키다 (arouse)

---

convert ('함께/전부 돌리다') 바꾸다, 전환하다

* to convert any leave days unused into a cash payment
  사용하지 않은 휴가일수를 현금 지급으로 바꾸다.
  annual leave 연차 휴가. maternity leave 출산 휴가. sick leave 병가

There are eight B vitamins, and all of them give your body energy by helping to convert food into fuel.

여덟 가지 B 비타민이 있는데, 이들은 모두 우리들의 신체에 에너지를 준다, 음식물을 연료로 바꾸는 데에 도움을 줌으로써.

## 양면의 지혜

Try to look at your <u>weakness</u> and convert it into your <u>strength</u>. That's success.     - Zig Ziglar

당신의 약점을 살펴서 그것을 강점으로 바꿔라. 그게 성공이다.
    - 직 직러

Habit converts luxurious enjoyments into dull and daily necessities.     - Aldous Huxley

습관은 호사스러운 즐길 거리들을 재미없고 일상적인 필요한 일들로 바꾼다.     - 올더스 헉슬리

---

convertible 전환할 수 있는
conversion 전환

controvert ('*contra*, 반대로 + 돌려주다') 논쟁하다; 논박하다
controversy 논쟁
controversial 논쟁의

diverse (다른 것들로부터 '떨어져 향한') 다양한

### 명상자료: 다양성의 효과

A study found that creating groups of individuals who had diverse approaches to problem solving outperformed groups that were made up of only the most talented problem-solvers.

한 연구에 의하면 문제해결에 대해 다양하게 접근하는 사람들의 집단의 성적이 더 좋았다고 한다. 가장 재능 있는 문제 해결사들로 구성된 집단들보다.

---

diversify ( diverse + -fy <L *facere* 만들다) 다양하게 만들다
diversification 다양화

The secret to successful investment is diversification.
성공적인 투자의 비결은 다양화다.

Although millionaires tend to work in accordance with their passions, they also know better than to have all their eggs in one basket. Millionaires tend to have multiple sources of income to keep themselves diversified.

비록 백만장자들은 일반적으로 자기들이 좋아하는 것에 따라 투자하지만, 그들은 또한 한 곳에 전부 투자하지 말아야 한다는 것을 안다. 백만장자들은 일반적으로 다수의 수입원을 갖고 다양한 곳에 투자한다.

diversity 다양성

Diversity opens for new perspectives, creativity, and innovation.
다양성은 [문을] 열어준다. 새로운 관점과 창의성과 혁신을 위한.

### 이상적인 사회: 다양성 가운데 통일성(unity in diversity)

My second commitment in life, as a Buddhist monk, is the promotion of harmony among the different religions. In democracy we admit the necessity of pluralism in political life. But we hesitate when it's a matter of the diversity of beliefs and religions. Despite their different concepts and philosophies, all the chief religious traditions bring us the same message of love, compassion, tolerance, temperance, and self-discipline. They also have in common their potential to help us lead a happier life.

- The Dalai Lama

인생에서, 불교 승려로서, 제가 둘째로 해야 할 일은 다른 종교들 사이에서 화합을 증진하는 것입니다. 민주사회에서 우리는 정치적인 생활에서 다원주의(다양성)의 필요성을 인정합니다. 그러나 우리는 믿음과 종교의 다양성 문제에 대해서는 주저합니다. 개념과 철학은 다르지만, 모든 주요 종교 전통은 우리들에게 같은 메시지, 즉 자비와 관용, 절제와 자제를 가져옵니다. 그들은 또한 공통적으로 우리들이 더 행복하게 사는 것을 도우려는 잠재력을 갖고 있습니다.

- 달라이 라마

## 자연의 경고 – 해결책은? 인간의 탐욕을 줄이는 것

The study found that across 58% of the earth's land surface, the biodiversity - the overall number of animals and plants of different species that make up an ecosystem - has fallen below what some scientists dub a "safe" threshold. This means that it is possible that ecosystems may no longer safely support human societies below this level.

그 연구에 의하면 지구 표면의 58%에 걸쳐서, 생물다양성 – 에코시스템을 이루는 다른 종의 동물과 식물의 전반적인 수 – 가 일부 과학자들이 "안전한" 문턱이라고 부르는 것 밑으로 떨어졌다. 이것이 뜻하는 것은 아마 에코시스템이 이 수준 밑에서는 인간 사회를 떠받쳐주지 못할 수 있다는 것이다.

divert ('떼어서 돌리다') 다른 데로 돌리다, 전환하다
diversion 전환; 기분전환, 오락

divorce (<divert) 이혼(하다). * get a divorce 이혼하다
→ get married 결혼하다

extrovert ('밖으로 향한 사람') 외향적인 사람
↔ introvert 내향적인 사람

**명상자료: 합일: 행동(신체) / 감정(마음)**

Researchers have found that when introverts act extroverted, introverts, on average, actually report increased feelings of what is called "positive affect."

In layman's terms, that means that acting extroverted actually seems to be enjoyable to introverts.

연구원들에 의하면 내향적인 사람이 외향적으로 행동할 때, 내향적인 사람은, 평균적으로, 실제로 "긍정적인 정서"라 불리는 감정이 증가한다고 한다.

일반인들의 용어로, 이것이 의미하는 것은 외향적으로 행동하는 것은 내향적인 사람들에게 실제로 즐거운 것 같아 보인다는 것이다.

**문맥 :** positive = enjoyable. affect = feeling.

### 삶의 지혜 + 문맥센스

Extroverts are energized by people, enjoy a variety of tasks, a quick pace, and are good at multitasking.

Introverts often like working alone or in small groups, prefer a more deliberate pace, and like to focus on one task at a time.

외향적인 사람들은 사람들에 의해 힘을 얻고, 다양한 과제와 빠른 속도를 즐기며, 다중작업에 능하다.

내향적인 사람들은 흔히 혼자 또는 작은 집단 안에서 일하는 것을 좋아하고, 더 느긋한 속도를 선호하며, 한 번에 한 일에 집중하는 것을 좋아한다.

문맥 : are energized by people ↔ often like working alone or in small groups. quick ↔ deliberate (= not quick; unhurried). are good at multitasking ↔ like to focus on one task at a time

### 문맥센스

Introverts' brains show higher levels of cortical arousal than extroverts. This means their brains are already over-stimulated.

One reason that introverts tend to avoid a lot of social stimulation is because they are already aroused. They have less social needs.

내향적인 사람들의 뇌는 보여준다, 더 높은 수준(양)의 대뇌 피질성의 흥분을, 외향적인 사람들보다. 이것이 뜻하는 것은 그들의 뇌는 이미 과다 자극(흥분)되어있다는 것이다. (stimulated = aroused)

내향적인 사람들이 일반적으로 많은 사회적인 자극을 피하는 한 가지 이유는 그들은 이미 흥분(자극)되어있기 때문이다. 그들은 사회적인 욕구가 더 적다. (aroused = stimulated)

ambivert ('양쪽으로 향하다') 양향적인 사람

The vast majority of the population is neither an introvert or extrovert. They are ambiverts.

대다수의 사람들은 내향자도 외향자도 아니고, 양향자다.

Extroverts and "ambiverts" tend to earn more money than introverts.

외향자와 "양향자"가 일반적으로 돈을 더 많이 번다, 내향자보다.

### 문맥센스

An introvert prefers solitude to companionship.
내향자는 혼자 있는 것을 선호한다, 다른 사람과 함께 있는 것보다.

**문맥** : solitude (=being alone) ↔ companionship (=being with another or others)

Psychologists typically define extroverts as people who derive energy from social interactions, while introverts gain more energy from periods of quiet reflection.

심리학자들의 일반적인 정의에 의하면 외향적인 사람들은 힘을 사회적인 교제로부터 얻고, 반면에 내향적인 사람들이 힘을 얻는 것은 고요한 성찰에 의해서다.　**문맥** : derive = gain perverse ('철저히 돌린') 뒤틀린

### 종교인들의 지혜와 사랑 + 순해순역

Pope Francis called Thursday for a bold cultural revolution to correct what he calls the "structurally perverse" economic system of the rich exploiting the poor that is turning Earth into an "immense pile of filth."

프란시스코 교황이 목요일 요구했다, 대담한 문화적인 혁명으로 바로잡으라고, 그가 부자들의 "구조적으로 비뚤어진" 경제 체제라고 부르는 것을, 이것이 빈자들을 착취하여 지구를 거대한 오물 더미로 바꾸고 있으니까.

### 반대 문맥 안내어 perversely

Perversely, this plethora of labor-saving devices didn't translate into greater leisure.

(**논리**) 예상과 달리
(**토픽**) 수많은 노동절약 장치
(**예상**) 여가 증가로 옮겨질 것이다.
(**실제**) 여가 증가로 옮겨지지 않았다.

예상과 달리, 이 수많은 노동-절약 장치들은 여가의 증가로 옮겨지지 않았다.

pervert 변태적으로 만들다
perversion 변태

<u>Chastity</u> - the most <u>unnatural</u> of all the <u>sexual perversions</u>.
- Aldous Huxley

성적 금욕 - 가장 부자연스러운 성적인 변태.   - 올더스 헉슬리

## 논리적인 읽기

In Afghanistan's conservative, highly gender-segregated society / discussing sexual problems publicly is not just culturally frowned upon but can easily be misconstrued as a sign of perversion.

아프카니스탄은 보수적이고, 고도로 성적으로 분리된 사회이기 때문에 / 성적인 문제에 대해 공적으로 논의하는 것은 문화적으로 인정받지 못할 뿐만 아니라 쉽게 변태의 징표로 오해될 수 있다.

revert ('*re*-뒤로 + 돌다') 뒤돌아가다
reversion 뒤돌아가기, 복귀, 반전

### 투자 지혜

Remember reversion to the mean. What's hot today isn't likely to be hot tomorrow. The stock market reverts to fundamental returns over the long run. Don't follow the herd.

중간으로 복귀를 기억하라. 오늘 더운 것이 내일 더울 가능성은 없다. 증권 시장은 장기적으로 근본적인 수익으로 되돌아간다. 대중을 따르지 마라.

reverse 역, 반대

Eighty-five percent of his patients are seeking female-to-male operations, a rarer and more complicated procedure than the reverse.

85%의 그의 환자들이 여성으로부터 남성으로 [전환] 수술을 원하는데, 이것은 더 드물고 더 복잡한 수술이다, 그 반대보다. (procedure = operation)

### 건강정보: 운동의 효과

Brains shrink with age, but studies showed that aerobic exercise not only increases the heart rate, but also enlarges the hippocampus, the key area of the brain involved in memory. In one study, a year of aerobic exercise by older adults proved to be the equivalent of reversing one to two years of age-related shrinkage.

뇌는 수축한다, 늙어감에 따라. 그러나 여러 연구에 의하면 심폐 운동은 심박 속도를 증가시킬 뿐만 아니라 또한 히퍼캠퍼스도 확장해 주는데, 이것은 기억과 관련된 뇌의 핵심 부분이다. 한 연구에서, 1년간 노인들에 의한 심폐 운동이 1년 내지 2년의 나이와 연관된 수축을 되돌려놓는 것과 같은 효과가 있는 것으로 밝혀졌다.

reversible 되돌려놓을 수 있는 ↔ irreversible

### 건강정보

High-protein weight-loss diets can **result in** irreversible scarring in the kidneys.

고-단백질 체중-손실은 그 결과로 신장 내의 돌이킬 수 없는 상처를 초래할 수 있다.

**표현** : to result in = to bring about = to lead to = to cause

subvert ('*sub*-밑에서 + 돌리다') 전복시키다
subversion 전복
subversive 전복시키는

라틴어 _ *volvere* '볼볼' 구르다  06

## ○ '볼볼' 구르다

<L *volvere*

'볼브(volve)' 볼(ball)이 구르는(rolling) 모습 연상

evolve ('밖으로 굴러 나오다') 진화하다

evolution 진화
evolutionary 진화의

### 문맥센스

Charles Darwin, author of "Origin of Species," faced a steep persuasive challenge when he sought to convince the world evolution occurs by a process of natural selection, rather than divine intervention.

찰스 다윈("종의 기원"의 저자)은 매우 힘든 설득시키는 문제에 직면했다, 그가 세상 사람들을 설득시키려 했을 때, 진화가 발생하는 것은 자연의 선택이라는 과정에 의해서이지, 신의 개입에 의해서가 아니라는 것을.

문맥 : convince = persuade

> 명상자료: 부정 편향 = 생존을 위한 적응

## Negativity bias

The tendency to put more emphasis on negative experiences rather than positive ones. People with this bias feel that "bad is stronger than good" and will perceive threats more than opportunities in a given situation.

Psychologists argue it's an evolutionary adaptation - it's better to mistake a rock for a bear than a bear for a rock

## 부정 편향

긍정적인 것보다 부정적인 경험을 더 강조하는 경향. 이런 편향을 가진 사람들은 생각한다. " 나쁜 것이 좋은 것보다 더 강하다고, 그리고 주어진 상황에서 기회보다 위협을 더 많이 지각한다.

심리학자들의 주장에 의하면 이것은 진화의 적응이다 - (왜냐하면) 바위를 곰이라고 착각하는 것이, 곰을 바위로 착각하는 것보다 나으니까.

**표현** : to put emphasis on = to emphasize 강조하다

---

devolve ('*de*- down 아래로 + 구르다') 퇴보하다(deteriorate)

### 사회공부 + 순해순역

Aristotle observed that when a nation pursues economic or political activities / that destroy its middle class, it will inevitably devolve / either into mob rule or oligarchy.

아리스토텔레스(의 말)에 의하면 어떤 국가가 경제나 정치적인 활동을 추구하여 / 그 나라의 중산층을 파괴하면, 그것은 필연적으로 퇴보하여 / 폭도 지배나 소수지배가 된다.

### 지혜의 공간: 일시 중단 = 시간적인 공간 (여유) 확보

If your discussion is devolving into a fight, you might want to take a breather and try to talk again later.

만일 논의가 퇴보하여 싸움이 되면, 잠시 휴식을 취하고 나중에 다시 얘기하도록 하라. (talk = discuss)

involve ('안에 굴러오다') 휘말려들어 가게 하다(implicate); 필요로 하다(require)
   * be involved in → be involved in ~에
                              휘말려들어가(몰입해) 있다

### 영어의 큰 그림: 구조(포장)과 정보 + 작문연습자료

On a regular training day, Murray eats porridge followed by eggs, bacon, and beans for breakfast. A fruit smoothie and protein and vegetables is on the menu for lunch. Dinner involves a soup, seafood, or salad, followed by chicken, potatoes, and vegetables.

정규 훈련하는 날 Murray의 식사

아침: 포리지, 계란, 베이컨, 콩
점심: 과일 스무디, 단백질, 야채
저녁: 수프, 해물, 또는 샐러드, 치킨, 감자, 야채

**포장** : 윗글에서 적색으로 된 부분들 - 이런 부분들은 정보중심으로 읽을 때는 지나가도 되지만 작문할 때는 반드시 알아야 한다.

### 유머 쉼터

Why is it that we rejoice at a birth and grieve at a funeral? It is because we are not the person involved.  - Mark Twain

도대체 왜 우리는 출생에 기뻐하고 장례 때에 슬퍼할까? 그건 우리가 당사자가 아니기 때문이다.              - 마크 트웨인

### 명상자료: 몰입 → 명상 (합일)

When you are deeply involved in any activity, you become meditative.

우리가 어느 활동에나 깊이 몰입하면, 우리는 명상상태에 들어간다.

### 명상자료: 범부-행동에 참가하고 (소극성) / 영웅 – 행동한다(적극성)

The ordinary man is involved in action; the hero acts. An immense difference.  
— Henry Miller

일반인들은 행동에 참가하나, 영웅은 행동한다. 엄청난 차이다.  
— 헨리 밀러

revolve ('다시 구르다') 회전하다  
revolution 회전; 혁명

The technological change is essentially revolutionary, not evolutionary.

과학기술의 변화는 본질적으로 혁명적이지, 진화적이지 않다.

revolt ('되받아 구르다') 반란(을 일으키다)  
→ rebel ('되받아 싸우다') 반란을 일으키다

# 07 라틴어 _ *voloper* '볼볼/돌돌' 싸다

## ○ '볼볼/돌돌' 싸다

<L ***voloper***, to wrap 싸다 - (기억) '볼록'하게 보자기로 싸다

develop ('*de-*, 떼어, 떨어져 +싸다') (타) 개발하다; 일으키다.(자) 발전하다; 일어나다

### 명상자료: 지혜의 공간

There is always room to grow and develop.
언제나 여지(공간)가 있다. 자라고 발전할.

### 건강정보: 자연을 가까이 하라!

Only 30 minutes spent outside per week can reduce your risk of developing high blood pressure and depression.

일주일에 30분만 밖에서 보내면 위험을 줄일 수 있다, 고혈압과 우울증을 일으킬.

envelop ('*en-*, in 안에 + 싸다') 싸다; 둘러싸다 (to surround)
envelope 싸는 것; 봉투

## 라틴어 _ sedere 앉다  08

### ○ 앉다

<L *sedere*, *sidere* (to sit) 앉다 - (기억) 좌석(seat)에 앉다

**sit**
set ('앉게 하다') 놓다
setback ('뒤로/물러나 앉게 하는 것') 후퇴, 퇴보

settle ('앉히다') 끝내다; 정착하다; 가라앉히다
settle for ~ ('로 끝내다')로 만족하다; 받아들이다(accept)

### 명상자료: 당신의 인생을 결정하는 것은 바로 당신 자신

It's a funny thing about life; if you refuse to accept anything but the best, you very often get it.
— W. Somerset Maugham

인생에 대한 한 가지 재미있는 점은, 만일 우리가 최선이 아닌 것을 받아들이기 거부하면, 우리는 아주 흔히 그것(최선)을 얻는다는 것이다.         — 서머세트 몸

Once you say you're going to settle for second best, that's what happens to you in life.         — John F. Kennedy

일단 우리가 차선을 받아들이겠다고 말하면, 그게 바로 인생에서 우리들에게 일어난다.  **표현** : settle for = to accept

### 문맥센스

There is no passion to be found in playing small - in settling for a life that is less than the one you are capable of living.         - Nelson Mandela

열정을 찾아볼 수 없는 삶은 소인으로 사는 것 - 자기가 살 수 있는 삶 이하의 삶으로 만족하는 것이다.         - 넬슨 만델라

**문맥** : playing small (=living small) = settling for a life that is less than the one you are capable of

---

assiduous (*ad-* '에 앉아있는') 부지런한(diligent)
assiduity 근면
insidious ('안에 앉아있는') 은밀하게 작용하는; 교활한
* an insidious (=sly) plot 은밀한 음모

preside (사람들 '앞에 앉다') 주재하다
president 주재자; 대통령
presidential 주재자/대통령의

reside (*re-*, back + *sidere*: '뒤로 (물러나) 앉다' → 거주하다 (to dwell)

> 명상자료: 여성의 아름다움을 보아야 할 곳 – 눈 = 심장의 문

The beauty of a woman must be seen from in her <u>eyes</u>, because that is the doorway to her <u>heart</u>, the place where <u>love</u> resides.　　　　　　　　　　 - Audrey Hepburn

여자의 아름다움은 그의 눈에서부터 보아야 한다. 왜냐하면 그것(눈)은 사랑이 머무는 그의 심장으로 이르는 길이기 때문이다.
　　　　　　　　　　　　　　　　　　　　-오드리 헵번

세상에서 가장 아름다운 눈은 밝은 지혜와 맑은 사랑으로 반짝이는 눈이다.

residence 거주

　　(a) <u>take up</u> residence 거주하기 시작하다 [동작]
　　(b) <u>be in</u> residence 거주하고 있다(reside)[상태]

　　residency → proof of residency 거주 증명서
　　resident 거주자
　　residential 거주자의

residue ('뒤에 남는 것') 잔재, 잔류물. * pesticide residues 살충제 잔류물.

> **건강정보**
>
> Washing with plain water removes 25 to 50 percent of the pesticide residue.
>
> While organic crops can still carry pesticide residue, it is well under government safety thresholds.
>
> 일반 물로 씻으면 잔류 농약의 25 내지 50 퍼센트는 제거된다.
>
> 유기 농작물에 여전히 잔류 농약이 남아있지만, 이것은 정부 안전 기준 훨씬 아래다.

subside <*sub-*, under + *sidere*: '밑에 앉다' → 가라앉다 (sink). 줄다(abate)
    subsidiary ('밑에 앉는') 자회사
    subsidy ('밑에 앉히는 것') 보조금
    subsidize ~을 위해 보조금을 지급하다

    sedate ('앉게 하다') (동) 진정제로 진정시키다. (형) 차분한
    sedative 진정제
    sedentary 많이 앉아있는

### 순해순역

The development and abundance of processed foods / combined with more sedentary jobs / has created <u>an explosion of</u> obesity, diabetes, and heart disease.

**뼈대** : A가 / B와 결합해서 / C를 만들어냈다.
**표현** : an <u>explosion</u> of = <u>explosive</u> 폭발적인
　　　　an <u>abundance</u> of = <u>abundant</u> 풍부한
　　　　a <u>variety</u> of = <u>various</u> 다양한

가공식품의 개발과 풍부가 / 더 많은 앉아서 하는 일과 결합해서 / 만들어냈다, 폭발적인 비만과 당뇨병, 심장병을.

supersede ('위에 앉다') 위에 있다 (우선하다)

The <u>legal</u> basis for the euro is the European Treaty, which <u>supersedes</u> national <u>law</u>.

유로(euro)의 법률적 기반은 유럽 조약인데, 이것은 국법 위에 있다.

**assess** <*ab-*, beside + *sidere*: '곁에 앉다' → (판사 곁에 앉아서 그가 결정하는 것을 돕다) 평가하다
assessment 평가

### 자리읽기: 비교

The central bank acknowledged that growth had slowed in the winter months, a dimmer assessment of the economy than its view in March.

중앙은행이 인정했다. 성장이 겨울 몇 개월 동안 둔화되었다고, 이것은 3월의 평가보다 더 비관적인 평가였다.
문맥 : view = assessment

Low-self-esteem individuals tend to underestimate or overestimate their abilities; high-self-esteem individuals often assess their abilities realistically.

자존감이 낮은 사람들은 흔히 자기들의 능력을 과소평가하거나 과대평가하고, 자존감이 높은 사람들 흔히 자기들의 능력을 사실대로 평가한다.
문맥 : assess = estimate

---

obsess <ob-, upon + *sidere*: '~ 위에 앉아있다 (떠나지 못하고)' → 사로잡다, 사로잡히다
* be obsessed with = be preoccupied with

obsession 사로잡는 것, 지나친 집착

### 아인슈타인의 성공비결

I know quite certainly that I myself have no special talent; curiosity, obsession and dogged endurance, combined with self-criticism, have brought me to my ideas.
- Albert Einstein

나는 상당히 확실하게 안다, 나 자신은 아무 특별한 재능이 없고, 호기심과 집념, 끈질긴 지구력이 자기-비판과 합쳐서 나를 나의 아이디어로 대려다 주었다는 것을.   - 앨버트 아인슈타인

obsessive-compulsive ('마음을 사로잡고-몰고 가는') 강박적인

### 순해순역: A as well as B (A는 물론 B도)

Doan, at 57, has lived much of his life with a diagnosis of obsessive-compulsive disorder, or OCD, as well as an anxiety disorder.

돈은, 57세인데, 자기 인생의 많은 부분을 살아왔다, 진단받은 채, 강박 신경증 장애 (OCD)는 물론 불안증도.

### 성공비결

Don't start a company unless it's an obsession and something you love. If you have an exit strategy, it's not an obsession.
- Mark Cuban

회사를 시작하지 마라, 그게 집념이 아니고 자기가 좋아하는 것이 아니면. 만일 당신에게 출구 전략이 있다면, 그건 집념이 아니다.
- 마크 큐반

possess <*potis*, able + *sedere*: (자신의 것에) '앉을 수 있다' → 소유하다

This life is a hospital in which every patient is possessed with a desire to change his bed.　　　　- Charles Baudelaire

이 인생은 하나의 병원인데, 여기에서 모든 환자들은 자기 침대를 바꾸고 싶은 욕망을 갖고 있다.　　　　- 샤를르 보들레르

### 문맥센스

Our own physical body possesses a wisdom which we who inhabit the body lack. We give it orders which make no sense.

　　　　　　　　　　　　　　　　　- Henry Miller

우리들 자신의 육체는 지혜를 갖고 있다, 그 육체에 거주하는 우리들에게 없는. 우리는 육체에게 명령을 한다, 말도 안 되는 [어리석은 명령을].

**문맥** : possess ↔ lack (=do not possess)

> 명상자료: 사랑과 소유

This is the <u>miracle</u> that happens every time to those who really <u>love</u>: the more they <u>give</u>, the more they <u>possess</u>.
- Rainer Maria Rilke

이것이 기적이다. 진실로 사랑하는 사람들에게 매번 일어나는: 더 많이 주면, 더 많이 갖는다.
- 라이너 마리아 릴케

Love <u>possesses</u> not nor will it be <u>possessed</u>, for love is <u>sufficient</u> unto love.
- Khalil Gibran

사랑은 소유하지도 않고 소유당하지도 않을 것이다. 왜냐하면 사랑은 사랑으로 충분하니까.
- 칼릴 지브란

→ possible ('할 수 있는') 가능한 ↔ impossible
potent ('할 수 있는') 강력한, 발기 및 성교 가능한 ↔ impotent
impotence 발기 불능 → erectile dysfunction 발기부전
potential (형) 가능한(possible), 잠재적인(latent). (명) 잠재적인 것, 잠재력(potentiality)
\* potential new clients 잠재적인 새 고객들
omnipotent 전능한 (all-powerful, almighty)
omniscient 전지한 (all-knowing)

### 명상자료 +문맥센스

People are not lazy. They simply have impotent goals - that is, goals that do not inspire them.   - Anthony Robins

사람들은 게으른 게 아니다. 단지 그들에게 무기력한 목표, 다시 말해, 그들에게 부지런히 일하게 만드는 목표가 없을 뿐이다.
- 앤서니 라빈스

**문맥** : impotent (=uninspiring) ↔ inspiring

---

self-possessed ('자기에 의해 소유된') 자제력이 있는
possession 소유

(a) take possession of ~을 소유하기 시작하다 [동작]
(b) be in possession of ~을 소유하고 있다 [상태]

### 순해순역

All passengers must be in possession of valid tickets / in order to enter the waiting area.

모든 승객은 유효한 티켓을 갖고 있어야 / 대기 지역에 들어갈 수 있다.

### 명상자료: 양면의 지혜

**Complete possession** is proved **only by giving**. All you are unable to give **possesses** you.  — Andre Gide

완전한 소유는 주는 것에 의해서만 증명된다. 당신이 주지 못하는 것은 모두 당신을 소유한다.  — 앙드레 지드

You **give but little** when you give of your **possessions**. It is when you **give of yourself** that you **truly give**.
— Khalil Gibran

당신은 조금 주는 것일 뿐이다, 당신의 소유물을 주는 것은. 당신 자신을 주는 것이 당신이 진실로 주는 것이다.  — 칼릴 지브란

**session** ('앉기') 회합, 회기

## 09 라틴어 _ *sistere* 서있게 하다, 세우다

### ○ 세우다

<L *sistere* 서있게 하다, 세우다 - (기억) sister를 서있게 하다

**assist** ('곁'에 서있게 하다') 돕다
* an assisted living residential facility 도움 받으며 생활하는 거주 시설

**consist** ('함께 세우다') 구성하다
* consist of = be composed of = be made up of ~로 구성되다

### 문맥센스

Just as a crowd consists only of the individuals who compose it, the mind consists only of the thoughts that constitute it.

군중을 구성하는 것은 단지 그것을 구성하는 개인들일뿐이듯이, 마음을 구성하는 것은 단지 그것을 구성하는 생각들일뿐이다.

**문맥** : constitute = compose
**요약** : 군중의 구성요소 = 개인들 / 마음의 구성요소 = 생각들

### 문맥센스: 구조와 정보

The fundamental principle of morality is that good consists in maintaining, promoting, and enhancing life, and that destroying, injuring, and limiting life are evil.

도덕의 근본 원리에 의하면 선은 생명을 유지하고, 증진하며, 높이는 것이고, [예상: 악은 ~이다] 생명을 파괴하고, 해치며, 제한하는 것이 악이다.

문맥 : good consists in maintaining, promoting, and enhancing life

   = maintaining, promoting, and enhancing life are good
      destroying, injuring, and limiting life are evil
   = evil consists in destroying, injuring, and limiting life

consistent 일관성이 있는 ↔ inconsistent

desist ('떨어져 앉아있다') 그만두다
desist from ~을 그만두다
cease and desist order (즉시 하지 말라는 공식적인) 정지 명령

**명상자료: 적극적인 선업과 간접적인 선업**

If we find we cannot help others, the least we can do is to desist from harming them.

우리가 남들을 도울 수 없는 경우에, 적어도 우리가 할 수 있는 것은 그들을 해치지 않는 것이다.

표현 : At least we can desist from harming them. [기본]
The least we can do is to desist from harming them. [확장]

exist ('밖으로 내세우다') → 존재하다
existence 존재

### 명상자료: 모든 것은 끊임없는 생성과 소멸의 과정 속에 있다

Empty space is a boiling, bubbling brew of virtual particles that pop in and out of existence in a time scale so short that you can't even measure them.    - Lawrence M. Krauss

빈 공간은 버추얼 입자들이 끓어 거품을 만드는 혼합물이다. 이들은 순식간에 발생했다 사라지는데, 그 시간 간격이 너무도 짧아 측정조차 할 수 없다.           - 로렌스 M. 크라우스

**표현 :** (a) be in existence 존재하고 있다 (=exist) [상태]
(b) come into existence/being 발생하다 [자동]
(c) bring ~ into existence/being 발생하게 하다 [타동]

pop in(to) existence ('팍' 존재 속으로 들어오다')순식간에 발생하다. ↔ pop out of existence 순식간에 사라지다

According to quantum mechanics, a vacuum isn't empty at all. It's actually filled with quantum energy and particles that blink in and out of existence for a fleeting moment - strange signals that are known as quantum fluctuations.

양자역학에 의하면, 진공은 결코 비어있지 않다. 그것은 실제로 양자 에너지와 입자로 채워져 있는데, 이것들이 짧은 순간 동안 생겼다가 사라진다. 이 이상한 신호들이 양자 파동으로 알려져 있다.

**표현** : blink in(to) existence '눈 깜박할 사이에'(순식간에) 발생하다 ♠ blink out of existence 순식간에 사라지다

One thing hastens into being and another hastens out of it. Even while a thing is in the act of coming into existence, some part of it has already ceased to be.

어떤 것은 빠르게 생기고 어떤 것은 빠르게 사라진다. 심지어 어떤 것은 생기고 있는 동안에도, 그것의 어떤 부분은 이미 사라졌다.

**문맥** : hasten into being ↔ hasten out of it(it = being). come into existence ↔ cease to be (= go out of existence). existence = being.

existent 존재하는
existential 존재적인
existing 존재하는, 기존의

### 명상자료

Facts do not cease to exist because they are ignored.
- Aldous Huxley

진실은 사라지지 않는다, 무시한다고 해서.   - 올더스 헉슬리

persist <per-, through + sistere: '끝까지 서있게 하다' → 끈질기게 계속하다.
persistent 끈질기게 계속하는, 끈질긴, 지속적인
persistence 끈질김, 끈기

People are more likely to experience vitamin D deficiency in the winter, and if this is the case at the beginning of life, it could persist throughout life.

사람들은 비타민 D 결핍을 겨울에 경험할 가능성이 더 많다. 그런데 만일 어린 시절에 이러하다면, 그것은 일생동안 계속될 가능성이 있다.

### 문맥센스 + 작문연습자료

(a) Any man can make mistakes, but only an idiot persists in his error.           - Marcus Tullius Cicero

(b) Any man is liable to err, only a fool persists in error.

(c) It is the nature of every person to error, but only the fool perseveres in error.

누구든지 잘못을 저지를 수 있으나 바보만이 계속해서 잘못을 저지른다.                           - 키케로

### 구문센스

A little more persistence, a little more effort, and what seemed hopeless failure may turn to glorious success.

= If you have a little more persistence and make a little more effort, what seemed hopeless failure may turn to glorious success.

조금 더 끈질기고, 조금 더 노력하면, 가망 없는 실패처럼 보였던 것이 영광스러운 성공으로 바뀔 수 있다.

### 영어는 이렇게 읽고 써라! [모범적인 Passage: 작문연습자료]

Nothing in this world can take the place of persistence. Talent will not: nothing is more common than unsuccessful men with talent. Genius will not; unrewarded genius is almost a proverb. Education will not: the world is full of educated derelicts. Persistence and determination alone are omnipotent.　　　　　　　　　- Calvin Coolidge

이 세상에서 아무것도 끈기를 대신할 수 없다. 재능이 그렇게 못할 것이다. 재능은 있으나 성공하지 못한 사람들보다 더 흔한 것은 없으니까. 천재가 그렇게 하지 못할 것이다. 성공하지 못한 천재가 거의 속담처럼 흔하니까. 교육이 그렇게 하지 못할 것이다. 세상은 교육은 받았으나 성공하지 못한 사람들로 가득 차 있으니까. 끈기와 결의만이 모든 것을 [우리들을 성공으로 인도]할 수 있다.　　　　　　　　　　　　　- 캘빈 쿨리지

(주제) 끈기 → 성공 (O)
(예증) 재능 → 성공 (X) / 천재 → 성공 (X) / 교육 → 성공 (X)
(주제 문장) 이 세상 아무것도 끈기를 대신할 수 없다. [도입]
(결론 문장) 끈기와 결의만이 성공을 가져올 수 있다. [재술]

**충고** : 이 문단의 구조는 물론 그 리듬까지 보이고 들릴 때까지 읽고 또 읽어 보라. 많은 것을 얻을 수 있을 것이다.

**기억** : derelict ('~로부터 떠난') 사회로부터 버려진 사람. delinquency ('~로부터 떠남') 의무 불이행, 연체. juvenile delinquency 청소년 범죄. relinquish ('~로부터 떠나다') 버리다.

### 명상자료: 고통 속에 핀 꽃은 더욱더 아름답다

Saying Katherine Anne Porter lived a hard life would be an understatement. Her mother died when she was two. Porter married young and suffered domestic violence during her first and later marriages. She almost died, twice, from two different pandemics, and endured poverty and infertility.

Still, Porter persisted. Her hardship is evident in her writing, which often explores human fallibility.

캐더린 앤 포터가 힘든 삶을 살았다고 말하는 것은 사실에 못 미치는 진술일 것이다. 그의 어머니는 돌아가셨다, 그가 두 살 때. 포터는 젊어서 결혼했으며 첫 결혼과 나중의 결혼 기간 중에 가정 폭력을 겪었다. 그는 거의 죽을 뻔 했다, 두 번이나, 두 다른 전염병 때문에, 그리고 가난과 불임을 견뎠다.

그래도 포터는 버텼다. 그의 강인함(끈질김)은 그의 글에 나타나 있는데, 그의 글은 흔히 인간의 잘못을 저지를 수 있는(불완전한) 점을 탐구한다.

**문맥** : hardship = persistence

resist <*re-*, back + *sistere*: '뒤에서(되받아) 세우다' → 버티다, 저항하다  ♠ resistance

### 마음의 여유 개발을 위한 유머 쉼터

The only way to get rid of temptation is to yield to it (...) I can resist everything but temptation.  - Oscar Wilde

유일하게 유혹을 제거하는 방법은 거기에 굴복하는 것이다. (...) 나는 모든 것에 저항할 수 있다, 유혹은 제외하고.
- 오스카 와일드

Yield to temptation. It may not pass your way again.
- Robert A. Heinlein

유혹에 굴복하라. 그것은 당신의 길을 다시 지나가지 않을 수 있다.
- 로버트 A. 하인라인

I never resist temptation, because I have found that things that are bad for me do not tempt me. - George Bernard Shaw

나는 한 번도 유혹에 저항하지 않는다. 왜냐하면 내가 보니까 나에게 나쁜 것들은 나를 유혹하지 않으니까.  - 조어지 버나드 쇼

Do not worry about avoiding temptation. As you grow older it will avoid you.  — Joey Adams

유혹을 피하는 것에 대해 걱정하지 마라. 네가 나이가 더 들면 그것이 너를 피할 테니까.  — 조이 애덤스

### 명상자료: 무저항의 축복

When there is no resistance, there is a sense that whatever happens is a blessing.

저항하지 않으면, 생각된다, 뭐가 일어나든 그건 축복이라고.

아무리 거센 바람이라도 저항하는 것이 없으면 그냥 지나갈 뿐이다.
아무리 사나운 폭력도 저항하지 않으면 힘을 잃고 무너져버린다.
저항하지 않으면 모든 싸움은 일어나지 않는다.
한없는 평온과 사랑 앞엔 모든 게 무한한 평온이 되고 사랑이 된다.

### 유머 쉼터

The duration of passion is proportionate with the original resistance of the woman.  — Honore de Balzac

욕정의 지속은 여자의 처음의 저항에 비례한다. - 오노레 드 발자크

**표현 :** be proportionate with ~에 비례하다

### 명상자료: 저항하지 말고 이용하거나 적응하라

Don't resist your opponent's force. Yield to overcome.

상대의 힘에 저항하지 말고, 거기에 굽혀서(이용해서) 극복하라. [지혜로운 사람에게는 모든 것이 이용가능한 귀중한 자원이다.]

Life is a series of natural and spontaneous changes. Don't resist them - that only creates sorrow. Let reality be reality. Let things flow naturally forward in whatever way they like. - Lao Tzu

인생은 일련의 자연적이고 자연발생적인 변화들이다. 이들에게 저항하지 마라 - 그것은 슬픔을 가져올 뿐이다. 현실이 현실이게 하라. 모든 것이 원하는 대로 자연스럽게 흐르게 하라.

 - 노자(老子)

Mentally strong people know that although change is uncomfortable, it's tolerable. They focus their energy on adapting to change, rather than resisting it.

정신적으로 강한 사람들은 안다, 비록 변화가 편치 않지만 견딜 만하다는 것을. 그들이 에너지를 집중하는 것은 변화에 대한 적응이지, 거기에 대한 저항이 아니다.

### 문맥센스

Leaders will always face resistance, and the way they handle opposition determines a great deal about how they are perceived.

지도자들은 언제나 저항에 직면할 것이고, 그들이 저항을 어떻게 다루는지가 그들이 어떻게 인식되는 지에 대해 많은 것을 결정해 준다.

**문맥 :** opposition = resistance

### 문맥센스: 큰 그림 보는 훈련

As your income rises, it can be tempting to take on an increasingly lavish lifestyle. It's important to resist the temptation to live large and instead put the money back into your investments.

당신의 소득이 증가함에 따라, 점점 더 사치스럽게 살고 싶은 유혹을 느낄 수 있다. 중요한 것은 그렇게 거창하게 살고 싶은 유혹에 저항하고 대신에 그 돈을 다시 투자에 집어넣는 것이다.

**문맥 :** live large = take on an increasingly lavish lifestyle

resistant 버티는, 잘 견디는, 저항하는. * drug resistance
resistible 저항할 수 있는 ↔ irresistible 저항할 수 없는

### 문맥센스: 동격 구

Real leaders have charisma, that irresistible trait that makes others want to follow you.

진정한 지도자들에게는 카리스마가 있는데, 이것은 저항할 수 없는 특징이다, 다른 사람들이 자신을 따르게 만드는.

### 건강정보: 두 가지 유형의 당뇨병의 차이

In type 1 diabetes the pancreas doesn't make enough insulin.
In type 2 diabetes the pancreas makes plenty of insulin, but the liver, muscles, and fat cells become insulin-resistant - that is, they fail to respond to insulin.

제1형 당뇨병에서는 췌장이 충분한 인슐린을 생산하지 않는다.
제2형 당뇨병에서는 췌장이 충분한 인슐린을 생산하나, 간과 근육, 지방 세포들이 인슐린에 저항하게 된다 - 다시 말해, 그들은 인슐린에 반응하지 않는다.

문맥 : plenty of = enough. fail to respond to insulin = become insulin-resistant

# 10 라틴어 _ *stare* (to stand) 서있다

## ○ '스탠드에' 서다

<L *stare* → stance ('서있음') 서있는 자세

constant <*com-*, together + *stare*: '함께/항상 서있는' → 끊임없는
constancy

### 유머 쉼터: 여자들의 변덕과 불변 - 자기중심사고

The fickleness of the women I love is only equalled by the infernal constancy of the women who love me.
— George Bernard Shaw

내가 사랑하는 여자들의 변덕과 맞먹는 것은 나를 사랑하는 여자들의 "지옥 같은"(고약한) 불변이다.          - 조어지 버나드 쇼

**문맥** : constancy ↔ fickleness (=inconstancy)

circumstance <*circum*, around + *stare*: '주위에 서있는 것' → 조건.
**복수** : 주변 조건, 상황. * under no circumstances 어떤 상황 하에서도 결코

distant <*dis-*, apart + *stare*: '떨어져 서있는' → 먼
distance 거리

> **명상자료: 거리 = 지혜의 공간 = 성장의 공간**

Once the realization is accepted that even between the closest human beings <u>infinite distances</u> continue, <u>a wonderful living side by side can grow</u>, if they succeed in loving the distance between them which makes it possible for each to see the other whole against the sky.
― Rainer Maria Rilke

일단 이런 깨달음을 받아들이면, 가장 가까운 사람들 사이에서조차 무한한 거리가 계속[존재]한다는 것을. 그러면 놀라운 삶이 나란히 자랄 수 있다, 만일 그들이 성공적으로 자기들 사이의 거리를 사랑하면, 왜냐하면 이 거리가 가능하게 만들어주기 때문이다, 서로가 상대방의 전체 모습을 하늘을 배경으로 [더 잘] 볼 수 있게.
― 라이너 마리아 릴케

**사랑하는 이들이여, 이 아름다운 조언 오래오래 기억하오!**

---

**instance** ('안에/가까이 서있는 것') 예, 실례. * **for instance** = for example 예를 들어
**instant** <*in-*, near + *stare*: '가까이 서있는'→(형)즉석의, (명)순간
**instantaneous** ('즉시 일어나는') 즉각적인
**instantaneously** 즉시. * to die instantaneously 즉사하다

**substance** ('밑에 서있는 것') 실체(reality), 요체(gist).
*substance abuse (술, 마약 등의) 약물 남용

**substantial** ('실체적인') 실제적인(real), 상당한(considerable), 많은

metastasis ('서있음의 후'에 일어난 것) 전이(轉移)
metastatic 전이된
* metastatic liver cancer 전이된 간암
a widely metastatic prostate cancer 널리 전이된 전립선암

### 문맥센스

Millions of cancer start the process of spreading, but very few grow into real metastasis.

수백만의 암이 퍼지는 과정을 시작한다. 그러나 극히 소수가 자라서 진짜 전이된다. **문맥** : metastasis = spreading

### 건강정보

Around 90% of deaths from cancer are caused by metastasis - when cancer cells change and move to other parts of the body.

The spread of cancer around the body - metastasis - is one of the biggest challenges in cancer treatment. It is often not the original tumor that kills, but secondary growths. These happen when cancer cells are able to break away from the primary site, travel around the body and 'seed' new tumors.

암으로 인한 사망의 약 90%의 원인이 전이인데, 이것은 암 세포가 변해서 몸의 다른 부분으로 옮겨가는 것이다.

암이 몸에 퍼지는 것(전이)은 암 치료에서 가장 큰 문제다. 흔히 죽이는 것은 처음의 종양이 아니라 두 번째 종양이다. 이들이 발생하는 것은 암 세포가 처음 발생한 곳으로부터 깨뜨리고 나와서, 몸에 돌아다니면서 새로운 종양을 '씨 뿌릴' 때다. (growths = tumors)

ecstasy <*ex-*, out + *stare*: '밖에 서있음' → 너무 기뻐 제정신을 잃은 상태, 무아지경(trance), 황홀(rapture)
ecstatic 황홀한

### 문맥센스

The ineffable joy of forgiving and being forgiven forms an ecstasy that might well arouse the envy of the gods.

용서하고 용서 받는, 말로 표현할 수 없는, 그 기쁨은 신들의 부러움을 충분히 불러일으킬 수 있는 기쁨이다.

**문맥** : ecstasy = joy.
**주의** : forms = is

### 명상자료: 생명은 지혜와 사랑의 축제

The soul should always stand ajar, ready to welcome the ecstatic experience.　　　　　　　　　　- Emily Dickinson

영혼은 언제나 약간 열려있어야 한다, 즉시 황홀한 경험을 환영할 수 있도록.　　　　　　　　　　　　　　- 에밀리 디킨슨

Find ecstasy in life; the mere sense of living is joy enough.
　　　　　　　　　　　　　　　　- Emily Dickinson

삶에서 기쁨을 찾아라. 살아있다는 것에 대한 지각(의식) 자체가 충분한 기쁨이다.　　　　　　　　　　- 에밀리 디킨슨

금방 숨이 끊어질 것 같아 밤새도록 한잠도 못자고 숨을 헐떡이면서 호흡에 어려움을 겪어본 사람들은 알 것이다. 편안하게 숨 쉴 수 있다는 것 자체가 얼마나 큰 축복인지!

obstacle <ob-, before + stare: '앞에 서있는 것' → 장애물, 장애

### 명상자료: 신체의 자기치유능력

The body can heal itself when the obstacles to healing or stressors are removed.

몸은 스스로를 치유할 수 있다, 치유의 장애나 스트레스를 주는 것들을 제거하면.

**표현 :** an obstacle to ~에 대한 장애

obstinate ('대항해서 서있는') 완고한 (stubborn)
obstinacy 완고

rest <re-, back + stare: '뒤에 서있는 것'→ 뒤에 남는 것, 나머지(remainder)

arrest <ad-, to + rest: '뒤에 서있게 하다' → 정지시키다, 체포하다

state ('서있음') (명) 상태. (동) (상태를) 진술하다
state-of-the art ('최신의 과학기술의') 최신식의(very up to date)

## 문맥센스

"Being rich isn't about money. Being rich is a state of mind."
부는 돈에 관한 문제가 아니다. 부는 마음(의 상태)에 관한 문제다.
**문맥 :** is a state of mind = is about mind. isn't about money = isn't a matter of money

statement 진술, 성명서, 명세서
overstatement 과장 (exaggeration) ↔ understatement

static ('서있게 하는') 정지된
stationary ('서있는') 움직이지 않는(not moving), 고정된(fixed)
stationery 문방구 (떠돌이 행상 peddler와 달리 일정한 가게에서 영업하는 문방구상 - stationer에서 유래했음)

Up until the 1920s, everyone thought the universe was essentially static and unchanging in time.
- Stephen Hawking

1920년대까지. 모든 사람들의 생각은 우주는 근본적으로 정체해 있고 시간이 흘러도 변하지 않는다는 것이었다.   - 스티븐 호킹

statistics 통계, 통계학
stat (*short for* statistic) statistic을 줄인 말

### 유머 쉼터

There are lies, damned lies and statistics. - Mark Twain
거짓이 있고, 빌어먹을 거짓이 있으며, 그리고 [가장 큰 거짓인] 통계가 있다. - 마크 트웨인

status 지위, 신분
* marital status 결혼상의 지위(미혼 혹은 기혼)
* status quo 현 상태

### 명상자료

**Status quo bias**

The tendency to prefer things to stay the same. This is similar to loss-aversion bias, where people prefer to avoid losses instead of acquiring gains.

**현 상태 편향**
사정이 같은 상태에 머물기를 선호하는 성향. 이와 비슷한 것이 손해-혐오 편향인데, 여기에서 사람들이 선호하는 것은 이득 대신 손해를 피하는 것이다. **문맥** : bias = tendency

---

stature ('서다') 신장 (height)

statute ('세우다') 법률 (law)
statutory 법정의
statutory rape 법정 강간

---

### 문맥센스

He was exceedingly small. Despite his diminutive stature, Walker was a great leader.

그는 지극히 작았다. 작은 신장에도 불구하고, 워커는 큰 지도자였다.
**문맥** : Despite his diminutive stature = Though he was exceedingly small

estate ('상태') 재산
real estate ('진짜 재산') 부동산
realtor 부동산업자

> 사회공부

For many years, a perplexing phenomenon has <u>made its way</u> into <u>real estate</u> markets across the country: where there is a high concentration of same-sex couples, real estate tends to be more expensive and appreciate in value faster.

여러 해 동안, 당황스러운 현상이 전국 부동산 시장에 등장했다. 이것은 동성 부부가 많이 집중되어있는 곳에서는, 부동산이 일반적으로 더 비싸고 가치가 더 빨리 오른다는 것이다.

**표현** : make one's way 가다
<u>feel</u> one's way (길을) 더듬어서 가다
<u>find</u> one's way (길을) 찾아서 가다
<u>pay</u> one's way (자기가 내야 할 돈을) 지불하고 가다

stable ('서있을 수 있는') 안정된 ↔ <u>in</u>stable, <u>un</u>stable

### 건강정보 +문맥센스(의미풀이)

Cancers are genetically unstable, meaning that they can change and "escape" from conventional treatments.

암은 유전적으로 불안정하다. 이것이 뜻하는 것은 암은 변하여 전통적인 치료법으로부터 "도피"할 수 있다는 것이다.

stability 안정 ↔ instability
stabilize 안정시키다 ↔ destabilize

### 문맥센스

There is little doubt that an unstable Syria will destabilize the whole Middle East.

거의 의심할 여지없이 시리아의 불안정은 중동 전체를 불안정하게 만들 것이다. (문맥) destabilize the whole Middle East = make the whole Middle East unstable

**문법 :** 수식어(형용사) 첨가에 따른 부정관사의 첨가
    1.(a) Syria (b) an unstable Syria.
    2.(a) Trump (b) an angry Trump

establish ('안정되게 하다') 세우다(to set up), 확립하다(to make firm), 증명하다(to prove)

### 명상자료 +순해순역

A subtle thought / that is in error / may yet give rise to fruitful inquiry / that can establish truths /of great value.
                                                       - Isaac Asimov

어떤 미묘한 생각이 / 잘못된 것이라 할지라도 / 유익한 탐구를 불러일으켜서 / 이것이 큰 가치가 있는 진리들을 확립할 수 있다.
                                                       - 아이작 아시모프

**참고 :** 깊은 차원에서는 옳음과 그름의 경계가 명확하지 않다. 왜냐하면 거기에서는 모든 것이 하나로 통합되어있기 때문이다. 그러므로 이분법적인 구분에 집착하지 말고 유연한 태도를 갖는 것이 필요하다.


the Establishment 지배층
the medical establishment 주류의료업계


**destine** ('단단히 서있게 하다') → 미리 정해놓다, 의도하다
* Those who don't know history are destined to repeat it.
  우리가 역사를 모르면 그것을 되풀이하게 마련이다.
* destined for = bound for = headed for ~로 향하는

### 성공비결: 끈기

Through perseverance many people win success out of what seemed destined to be certain failure.
- Benjamin Disraeli

끈기를 통해 많은 사람들이 성공을 얻는다, 확실한 실패처럼 보이는 것에서도.

**표현** : win success 성공을 얻다, 성공하다

destiny 운명(fate)

### 명상자료

The longest journey is the journey inwards. Of him who has chosen his destiny, Who has started upon his quest for the source of his being.   - Dag Hammarskjold

가장 긴 여행은 내면으로의 여행이다. 자신의 운명을 선택하고, 자기 존재의 근원에 대한 탐구를 시작한 분에게는 말이다.
- 다그 함마르셸드

이 여행이 가장 긴 것은 우리들의 마음이 무한하기 때문이다. 우린 신체적으로는 유한한 존재지만 정신적으로는 무한한 존재이다. 이 여행 끝에 우리가 만나는 것은 무한한 지혜와 사랑이다.

> 성공비결: 믿음 = 합일

You have to trust in something - your gut, destiny, life, karma, whatever. This approach has never let me down, and it has made all the difference in my life.   - Steve Jobs

우리는 무엇인가를 믿어야 한다 - 느낌, 운명, 생명, 카르마, 뭐든. 이 방법은 한 번도 나를 실망시킨 적이 없었고, 내 인생에 매우 중요했다.                                  - 스티브 잡스

**표현** : trust in = believe in = have confidence in ~을 믿다.
has made all the difference = has been very important

destination 목적지, 행선지
  * a popular tourist destination 인기 있는 관광지
  * lesser known vacation destinations 덜 알려진 휴가지

superstition('위에 서있는 것')→ (합리적인 사고) 넘어 있는 것을 (믿는 것) 미신

install ['자리에 집어넣다'(to put in place)] 설치하다.
installation 설치. uninstall (설치한 것을) 철거하다

## 성공비결: 혁명적인 아이디어

Marc Benioff had a revolutionary idea when he founded Salesforce in 1998. He wanted to deliver software over the web, or the "cloud," making it faster and easier to install and update.

Marcc Benioff은 혁명적인 생각을 갖고 있었다, 그가 Salesforce를 1998년에 창설했을 때. 그는 소프트웨어를 배달하고 싶었다, 웹 혹은 "클라우드(cloud)를 통해, 그렇게 해서 더 빨리 더 쉽게 설치하고 업데이트하게.

installment (지불을 위한 장치) 할부. * in monthly installments 월부로

stall ('세우다') 정지하다

Retail sales stall as consumers avoid shopping.
소매가 움직이지 않는다. (왜?) 소비자들이 쇼핑을 피하기 때문에.

→ still ('서있는') 움직이지 않는, 고요한(tranquil; calm; serene)

> 명상자료: 지혜의 공간 = 고요(움직임과 소리의 멈춤)

We are so used to being stimulated from the outside that we find it difficult to be quiet and enjoy the stillness of our own mind.

우리는 밖으로부터 자극 받는 것에 너무 익숙해져있어서 고요해져서 우리들 자신의 마음의 고요를 즐기기가 어렵다.
**문맥** : stillness = quietness

When you don't know what to do, get still, get very still, until you do know what to do.

무엇을 해야 할지 모를 때는, 움직이지 마라(고요해져라), 매우 고요해져라, 무엇을 할지 알 수 있을 때까지.

To the mind that is still, the whole universe surrenders.
                                          - Lao Tzu

마음이 고요하면, 온 세상이 굴복한다.            - 노자(老子)

In the midst of movement and chaos, keep stillness inside of you.                     - Deepak Chopra

움직임과 혼란 가운데서, 그대 안에 고요를 유지하라. -디팩 초프라

바깥 환경(외경外境)이 소란스러울 때, 자기 마음(내심內心)을 고요하게 유지하는 것이 세상과 조화를 이루는 길이다. 악(惡)을 정

복할 수 있는 것은 또 하나의 악이 아니라 그것을 무력하게 만들 수 있는, 악과 <u>반대되는</u> 선(善) 뿐이다. 마찬가지로 미움을 녹일 수 있는 것은 또 하나의 미움이 아니라 사랑이다.

### 문맥센스

If you're not already a regular meditator - or if you're a <u>skeptic</u> and need <u>convincing</u> - here are a few good reasons why you should take time every day and be still.

만일 당신이 이미 규칙적으로 명상하는 사람이 아니거나 - [명상에 대해] 회의적인 사람이어서 설득이 필요하다면 - 여기 몇 가지 좋은 이유가 있다, 어째서 당신이 날마다 시간을 내서 명상해야 하는지.

**문맥** : a skeptic = an <u>unconvinced</u> person. be still = meditate

instate (어떤 지위 '안에 서있게 하다') 취임시키다
reinstate 복위(복직)시키다

## 구문센스

South Korea's Constitutional Court will <u>rule</u> Friday on whether impeached President Park Geun-hye should permanently <u>leave office</u> over a corruption scandal or be <u>reinstated</u>, a <u>decision</u> that could radically reshape the country's political landscape.

한국의 헌법 재판소가 금요일에 결정을 내릴 것이다, 탄핵당한 박근혜가 영구적으로 부패 스캔들로 이직할지 복직할지에 대해. 이 결정은 한국의 정치적인 환경을 근본적으로 바꾸어놓을 수 있을 것이다.

**문맥 :** decision = ruling

---

**in**stitute [(세상) '안에 세우다'] 세우다, 설립하다
institution 설립, 기관
institutional 기관의
* institutional investors 기관 투자가들

## 사회공부

If you get to a point where the existing <u>institutions</u> will <u>not bend to the popular will</u>, you have to <u>eliminate</u> the institutions. - Noam Chomsky

만일 어떤 지경에 이르러서 기존 기관들이 국민의 뜻에 굽히지(따르지) 않으면, 우리들(국민)은 그 기관들을 없애야 한다. -놈 촘스키

constitute ('함께 세우다') 구성하다
constitution 구성, 헌법, 체질

* He has a robust constitution (= a strong and healthy body).
그는 강한 체질을 갖고 있다.

constituent (형) 구성하는 (명) 구성요소(component)

### 사회공부: 위대한 지도자의 안목 – 상생이 바른 길

"The job of management," proclaimed Frank Abrams, chairman of Standard Oil of New Jersey, in 1951, "is to maintain an equitable and working balance among of the claims of the various directly interested groups … stockholders, employees, customers, and the public at large."

By paying good wages, investing in future products, and generating reasonable (not "maximized") profits, American companies in the 1950s and 1960s created value for all of their constituencies, not just one. As a result, the country and economy boomed.

"경영진의 임무"는, Standard Oil of New Jersey의 회장 Frank Abrams가 1951년에 선언한 바에 의하면, "공평하고 작동하는 균형을 유지하는 것이다. 다양한 직접 이해관계가 있는 집단들…주식 보유자들과 회사 직원들, 고객들과 일반 대중들의 주장들 가운데서."

좋은 임금을 지불하고, 미래의 상품에 투자하며, 합리적인 ("최대화된" 아닌) 이윤을 발생시킴으로써, 미국 회사들은 1950년대와 1960년대에 그들의 관련 집단들 모두 (단지 하나가 아닌)를 위한 가치를 창조했다. 그 결과, 국가와 경제는 상승했다.

destitute ('떨어져 서있는') → (살아가는 데 필요한 것들이 없는) 가난한
destitution 가난, 궁핍

* the destitute = the needy = the poor 가난한 사람들
* destitute of = devoid of = lacking in ~가 없는

### 유머 쉼터

Forgetfulness. A gift of God bestowed upon debtors in compensation for their destitution of conscience.

건망증. 하느님께서 채권자들에게 주시는 선물, 양심의 부족에 대한 보상으로. (표현) bestow A upon B: A를 B에게 주다. in compensation for ~에 대한 보상으로

### 명상자료: 인간은 모두가 가난뱅이

Some people are physically poor,
Others, though rich, are poor in contentment.
These intense sufferings of destitution
Attack and kill the two.

어떤 사람들은 물질적으로 가난하고,
어떤 사람들은, 부유하나, 만족(마음)이 가난하네.
이들 강렬한 가난의 고통이
이들 둘을 공격하여 죽이네.

prostitute [(사람들) '앞에 서있는' (사람)] 창녀, 매춘부
prostitution 매춘

### 명상자료: 결혼생활에서 원하지 않은 섹스

Marriage is for women the commonest mode of livelihood, and the total amount of undesired sex endured by women is probably greater in marriage than in prostitution.
- Bertrand Russell

결혼은 여자들에게는 가장 흔한 생계 방법이다. 그런데 여자들이 견디는 원하지 않는 섹스의 전체 양은 매춘에서보다 결혼에서 아마 더 많을 것이다. - 버트런드 러셀

### 유머 쉼터

According to a survey, there are one million prostitutes in Italy.
These, of course, are loose figures.
한 조사에 의하면 이탈리아에는 백만 명의 매춘부가 있는데. 이것은 물론 ~ 이다.[밑줄 친 부분은 두 가지 해석이 가능한 pun임 - 1) 대략적인 숫자, 2) 단정치 않은 사람들]

If prostitution is the world's oldest profession, then surely masturbation is the world's oldest avocation.

만일 매춘이 세상의 가장 오래된 직업이라면, 확실히 자위행위는 세상의 가장 오래된 부업이다.

prostate ('앞에 서다') 전립선(prostate gland), 전립선의
prostate cancer 전립선 암

### 건강정보

If it's consistently difficult to urinate, or there's blood in your urine or semen, or if you experience unexplained erectile dysfunction, see your doctor; these could be symptoms of prostate cancer.

만일 항상 오줌 누는 것이 어렵거나, 오줌이나 정액에 피가 있거나, 알 수 없이 발기가 안 될 때는, 의사를 만나보라. 이것들이 전립선 암의 증상일 수 있다.

**substitute** ('밑에 세우다') 대신하다, 대신하는 것

Be brave. Take risks. Nothing can substitute experience.
- Paulo Coelho

용감해져라. 모험하라. 아무것도 경험을 대신하지 못한다.
- 파울로 코엘료

**store** ('세우다, 복구하다') (동) 저장하다, (명) 가게
* to store and retrieve pieces of data
  데이터를 저장하고 검색하다

### 명상자료: 가해자 = 최대의 피해자

Anger is an acid that can do more harm to the vessel in which it is stored than to anything on which it is poured.
- Mark Twain

화는 산(酸)과 같아서 그것이 저장되어있는 용기에 더 많은 해를 끼칠 수 있다. 그것을 쏟아 붓는 어떤 것(대상)보다. - 마크 트웨인

**thesaurus** ('treasure' 보물) 보물창고, 동의어-반의어 사전
**treasure** 보물

### 명상자료: 양면의 지혜

It is by going down into the abyss that we recover the treasures of life. Where you stumble, there lies your treasure.
- Joseph Campbell

아래로 내려가 심연[절망 같은 고난] 속으로 들어감으로써 우리는 인생의 보물을 되찾는다. 우리들이 넘어지는 곳에, 우리들의 보물이 있다.
- 조짚 캠벨

이런 면에서 볼 때, 우리가 겪는 고통은 단순한 고통이 아니다. 그것은 더 큰 기쁨으로 인도하는 너무도 소중한 안내자다. 어떻게 우리가 고통을 겪지 않고 진정한 기쁨을 알 수 있으랴?

storage 저장
restore 복구하다, 회복하다
restorative 회복시키는

### 문맥센스

Their sleep isn't restorative, meaning no matter how much they snooze, they still feel exhausted the next day.

그들의 잠은 회복시키지 않는다. 이것이 뜻하는 것은 아무리 많이 그들은 자도, 여전히 그들은 그 다음 날 피로하다.
**문맥** : snooze = sleep (v.)

> **명상자료: 위대한 지혜와 사랑의 길**
>
> People, even more than things, have to be restored, renewed, revived, reclaimed, and redeemed; never throw out anyone.
>
> — Audrey Hepburn
>
> 사람들은 물건들보다 더욱더 많이, 회복시키고, 갱신시키며, 부활시키고, 개심시키며, 구원해야지, 결코 누구도 버리지 말아야 한다.
>
> — 오드리 헵번

restaurant (우리들의 기운을 '회복시켜주는' 곳) 식당
* a gourmet restaurant 식도락가 식당

He believes that restaurant owners who pay a low minimum wage are either lazy or strategically inept.

그의 생각에 의하면 식당 주인이 낮은 최저 임금을 지불한다면 그는 게으르거나 전략적(사업적)으로 무능하다.

construct ('함께 세우다') 건설하다. construction 건설
constructive 건설적인
* reconstructive surgery 재건 수술

The Road To Success Is Always Under Construction.
— Arnold Palmer
성공으로 가는 길은 언제나 건설 중이다. — 아놀드 파머

construe (construct) [머릿속에 어떤 것의 구조(structure)를 세우다] 풀이하다(interpret), 설명하다(explain)
misconstrue 잘못 풀이하다

### 문맥센스

If it is true that there is always more than one way of construing a text, it is not true that all interpretations are equal.

만일 어떤 텍스트를 해석하는 방법이 한 가지 이상 있다는 것이 옳다면, 모든 해석이 동등하다는 것(주장)은 옳지 않다. (construe = interpret)

### 우리들을 지배하는 것은 우리들 자신의 생각

Happiness has more to do with how you construe the events in your life than the actual events themselves.

행복을 좌우하는 것은 우리들의 삶에서 일어나는 일을 해석하는 방법이지, 실제로 일어난 일 자체가 아니다.

**표현 :** have to do with ~와 관계가 있다

Experience is not what happens to you - it's how you interpret what happens to you.   - Aldous Huxley

경험은 우리들에게 일어나는 일이 아니라, 우리들이 그것을 해석하는 방법이다.    - 올더스 허슬리

instruct ('안에 세우다') → (마음) 속에 (지식을) 세우다, 가르치다, 지시하다. instruction 가르침, 지시
instructive (가르침을 주는) 유익한

### 문맥센스 (Key Words) +명상자료

Failure is instructive. The person who really thinks learns quite as much from his failures as from his successes.
   - John Dewey

실패는 가르침을 준다. 진실로 생각하는 사람은 배운다, 자신의 실패로부터, 자신의 성공으로부터와 마찬가지로 많은 것을.
   - 존 듀이

destroy ('아래로 세우다') → (세운 것을) 허물다(tear down), 파괴하다

destruction ↔ construction

destructive ↔ constructive

destructible ↔ indestructible

### 순해순역 +문맥센스

Destroy the seed of evil, or it will grow up / to your ruin.

— Aesop

악의 씨를 파괴하라, 그렇지 않으면 그것이 자라서 / 그대를 파괴할 것이다.　　　　　　　　　　　　　　　　— 이솝

**문맥** : to your ruin = and destroy you (ruin = destruction)

### 양면의 지혜: 창조와 파괴는 공존

If matter cannot be destroyed, cannot be annihilated, it could not have been created. The indestructible must be uncreatable.

— Robert Green Ingersoll

만일 물질이 파괴될 수 없고, 없애버릴 수 없다면, 그것은 창조될 수 없었을 것이다. 파괴될 수 없는 것은 창조될 수 없으니까.

— 로버트 그린 잉거솔

**문맥** : indestructible ↔ uncreatable (destroy ↔ create)

demolish ('아래로 짓다') 허물다 (pull down); 파괴하다 (destroy)
demolition 허물기

### 자리읽기

A friend said once in a restaurant, after demolishing <u>a plate of food</u>, "I have no idea who just ate that!"

어떤 친구가 언젠가 식당에서 말했다, 음식 한 접시를 먹어치운 뒤에, "도대체 누가 저걸 먹은 거야!"

**자리 :** demolishing a plate of food
　　　　ate that (= a plate of food) → demolish = eat

industry ('안에서 쌓아올림') 근면(diligence); 산업
industrial 산업의
\* industrial waste 산업 폐기물
industrious: assiduous; diligent 근면한

obstruct ('앞에 세우다') 장애물로 막다 (to block by an obstacle);
방해하다. obstruction 방해. obstructive 방해하는
\* COPD (chronic obstructive pulmonary disease) 만성 폐쇄성 폐 질환

### 건강정보

Some studies linked insufficient magnesium levels to a greater risk of developing a wide range of health problems including chronic obstructive pulmonary disease (COPD), diabetes, Alzheimer's disease, and cardiovascular disease.

일부 연구에 의하면 마그네슘이 불충분하면 광범위한 건강 문제를 일으킬 위험성이 더 크다고 하는데, 여기에 포함되는 것은 만성 폐쇄성 폐 질환과 당뇨병, 알츠하이머병과 심혈관 질환이다.

---

structure ('쌓아올린 것') 구조물, 구조
infrastructure 하부 구조, 기반
* Asian International Infrastructure Bank (AIIB) 아시아 인프라 투자은행

라틴어 _ *ponere* (to put) 놓다 11

## ○ 놓다 1

<L ***ponere*** (to put) 놓다 - 기억 : ('퐁퐁') 놓다

**pose** <*ponere* ('놓다') 제기하다, 자세를 취하다
* pose a question to ~에게 한 가지 질문을 하다

**position** 위치, 지위, 일자리(job)
**posture** 자세

### 건강정보: 몸과 마음은 하나

Sit up a little straighter and stand a little taller! Bad posture has all kinds of negative health impacts, including chronic muscle pain, reduced circulation, headaches, and even bad moods.

약간 더 똑바로 앉고 약간 더 똑바로 서라. 나쁜 자세는 온갖 부정적인 건강 영향을 갖는데, 여기에 포함되는 것은 만성 근육통과 순환하는 혈액 양 감소, 두통과 심지어 나쁜 기분이다.

**compose** <*componere* ('함께 놓다') 구성하다(constitute), 창작하다(create)
* be composed of = consist of ~로 이루어져 있다

Forever is composed of nows. - Emily Dickinson
영원을 이루는 것은 현재들이다.          - 에밀리 디킨슨

**composition** 구성, 작문
**composure** (마음이 함께 놓여있는 상태) 평정

### 자리읽기

He lost his temper at the slightest provocation, but regained his composure with enormous effort.

그는 침착성을 잃었다, 조금만 도발해도. 그러나 평정(침착성)을 되찾는 데는 엄청난 노력이 필요했다.

**문맥** : his temper = his composure (therefore composure = temper)

Perpetually poised, he never exhibited a moment's discomposure.

항상 마음이 평정상태에 있어서, 그는 한 순간도 평정을 잃은 모습을 보인 적이 없었다.

**문맥** : perpetually ↔ momentarily. discomposure ↔ poise (=composure)

component (구성) 요소(an element or ingredient),
　　　부품 (a constituent part)

While a thought is in your head, an emotion has a strong physical component and so is primarily felt in the body.

생각은 머리 (마음)속에 있는 반면에, 감정은 강한 신체적인 요소를 갖고 있다, 그래서 주로 몸 안에서 느껴진다.

compound <*componere* ('함께 놓다') (동) 혼합하다. 더 악화시키다. (형) 복합의. (명) 혼합물. * compound interest 복리

China had already been in the grips of a civil war when the Japanese invasion compounded it.

중국은 이미 내란 중에 있었는데, 그때 일본의 침입이 그것을 더 악화시켰다.

### 명상자료 + 순해순역 [관계사 절]

Most fatalities begin as small mistakes / that get compounded by unexpected conditions and bad judgment.

대부분의 사망은 작은 실수로 시작되는데, 이것을 악화시키는 것은 예기치 않은 조건과 나쁜 판단이다.

### 문맥센스

Unfortunately the later you start saving, the more you'll have to save. But the sooner you sock money away, the more time it has to compound and grow.

불행하게도 더 늦게 당신이 저축하기 시작하면, 더 많이 당신은 저축해야 할 것이다. 그러나 더 일찍 저축하면, 더 많은 시간 그것은 복리가 되고 성장한다.

**문맥 :** sock money away = save

**decompose** 구성요소로 분해되다, 썩다 (rot)

**deposit** ('내려놓다') (동) 맡기다, 예치하다. (명) 예금, 보증금
* CD (certificate of deposit) (양도성) 예금 증서
* security deposit 임대(전세) 보증금

* (a) I <u>deposited</u> the money in my bank account this morning.
  나는 그 돈을 오늘 아침에 내 은행계좌에 예치했다. [동작]
  (b) Now the money <u>is on deposit</u> in my bank account.
  지금 그 돈은 내 은행계좌에 예치되어있다. [상태]

→ **withdraw** ('되 끌어 오다') 인출하다, 철회하다 <with-, back 되

**dispose** <dis-, apart + ~ : '떼어 놓다'
* dispose of ~을 처리하다(settle), 처분하다(get rid of), 버리다 (throw away)
  **disposal** 처리, 처분. * at one's disposal 자기가 마음대로 쓸 수 있는.
  waste disposal 폐기물 처리

**disposable** 마음대로 쓸 수 있는, 쓰고 버릴 수 있는
* disposable income 가처분 소득
* disposable diapers 일회용 기저귀

**disposition** 성향

### 행복의 비결

I am still determined to be cheerful and to be happy in whatever situation I may be, for I have also learned from experience that the greater part of our happiness or misery depends on our dispositions and not on our circumstances. - Martha Washington (1731-1802)

나는 여전히 명랑하고 행복할 작정이다. 어떤 상황에 내가 놓이든지. 왜냐하면 나는 경험을 통해 또한 배웠기 때문이다. 우리들의 행복이나 불행의 대부분을 좌우하는 것은 우리들의 성향[내심內心]이지 외부환경[외경外境]이 아니라는 것을.
- 마사 워싱턴 (미국의 초대 대통령 조지 워싱턴의 아내)

**문맥 :** happiness ↔ misery (=unhappiness). circumstances = situation

### 문맥센스: 정보 추려 읽기

Love and intimacy lead to greater health and healing, while loneliness and isolation predispose one to suffering, disease and premature death.

사랑+친밀 → 건강+치유 증진 / 고독+고립 → 고통+질병+조기사망
**문맥 :** predispose one to = lead to

Not only does excessive sugar consumption lead to a host of problems like cavities and weight gain, it's also associated with Type 2 diabetes.

과다설탕섭취→ 많은 문제(충치+체중증가 같은) +2형 당뇨병
**문맥 :** is associated with = lead to
**표현 :** a host of 많은 (다량의, 다수의)

expose ('밖에 내놓다') 노출시키다. exposure 노출
* be exposed to ~에 노출되어있다

### 명상자료: 생산과 건강의 비결은 자연에

Researchers at Northwestern University in Chicago found in a 2013 study that employees are more productive and enjoy greater vitality when exposed to natural light.

시카고에 있는 Northwestern University 연구원들이 2013년 연구에서 발견한 바에 의하면, 피고용인들이 더 생산적이고 더 큰 활력을 누린다고 한다, 자연의 빛에 노출되면.

Unlimited exposure to electronic devices actually stunts creativity.
전자 장치에 대한 무제한의 노출은 실제로 창의성을 방해한다.

---

exponent ('밖으로 내놓는') 설명사. (수학) 누승(累乘) 지수
exponential (수학) 기하급수적인, 급격한

Linear growth(선형적인 성장): 5-10-15-20-25-30 …
exponential growth (기하급수적인 성장): 5-25-125-625…

expound 설명하다, 풀이하다 (explain; interpret)

impose ('위에 놓다') 부과하다, 강요하다
* impose a fine on ~에게 벌금을 부과하다

* I hope I'm not imposing on you.
  내가 네게 부담을 주는 게 아니면 좋겠다.

Do not impose on others what you yourself do not desire.
            - Confucius
남들에게 강요하지 마라, 당신 자신이 원하지 않는 것을. - 공자

## 명상자료

There are infinite possibilities and you are limited by your **self-imposed** limited thinking.

(세상에는) 무한한 가능성들이 있는데, 당신을 제한하는 것은 당신 스스로 부과한 제한된 생각이다.

Every man takes the limits of his own field of vision for the limits of the world.              - Arthur Schopenhauer

누구나 자기 자신의 시야의 한계를 세상의 한계로 받아들인다(착각한다).                              - 아서 쇼펜하우어

**superimpose** (*super*, above + impose: '위에 올려놓다') 위에 덧붙이다

Augmented reality **superimposes** computer-generated images over the real world. 증강 현실은 컴퓨터에 의해 만들어진 이미지를 현실 세계 위에 덧붙인다.

**juxtapose** (*juxta*, beside + pose: '곁에 놓다') 병치하다

Advertisements frequently **juxtapose** "before" and "after" images to show a great transformation.

광고는 자주 "전"과 "후"의 이미지를 병치하여 큰 변화를 보여준다.

**oppose** (*ob-*, against + ~ : '마주보고 놓다') → 반대하다
**as opposed to** ~ = unlike; rather than
**opposition**

**명상자료: 도전과 역경은 마음의 근육 개발 자원**

Just as we develop our physical muscles through overcoming opposition - such as lifting weights - we develop our character muscles by overcoming challenges and adversity.
- Stephen Covey

우리가 신체의 근육을 개발할 때 반대의 힘의 극복을 통해서 하듯이 - 예를 들어, 무게를 드는 것 같은 - 우리는 인품(마음) 근육을 개발할 때 도전과 역경의 극복을 통해서 한다.
- 스티븐 코비

When we meet real tragedy in life, we can react in two ways - either by losing hope and falling into self-destructive habits, or by using the challenge to find our inner strength. Thanks to the teachings of Buddha, I have been able to take this second way.
- Dalai Lama

우리가 인생에서 진짜 비극을 만날 때, 우리는 두 가지 방법으로 반응할 수 있다 - 희망을 잃고 자기-파멸적인 습관에 빠지거나, 그 어려운 일(비극)을 이용해서 우리의 내면의 힘을 찾는 것이다. 붓다의 가르침 덕분에, 나는 이 두 번째 방법을 택할 수 있었다.
- 달라이 라마

**문맥**: challenge = tragedy

### 건강정보

If you get the flu, stay home. Sip water all day, **as opposed to** (=instead of = not) guzzling a lot at once.

독감에 걸리면, 집에 머물러라. 물을 조금씩 마셔라 하루 종일, 한 번에 많이 꿀꺽꿀꺽 마시지 말고.
**표현 :** get the flu 독감에 걸리다

---

→ Shockingly, 45 percent of men admit to cheating on a partner, **as compared with** 21 percent of women.

충격적인 것은, 45%의 남자들이 인정한다는 것이다, 배우자를 속인다는 것(바람을 피운다는 것)을, 이에 비해 여자들은 21%다.

**opponent** 반대자, 상대, 적수

### 명상자료

Surrender is the simple but profound wisdom of yielding to rather than opposing the flow of life.　　- Eckhart Tolle

맡기는 것은 단순하지만 매우 심오한 지혜로, 삶(세상)의 흐름에 맡기고 반대하지 않는 것이다.　　　　　　- 에카르트 톨레

맡김은 합일과 평화로, 저항은 분리와 고통으로 가는 길이다.

opposition 반대, 반대자
opposite 반대의

### 양면의 지혜

The opposition is indispensable. A good statesman, like any other sensible human being, always learns more from his opposition than from his fervent supporters.
- Walter Lippmann

반대자는 없어서는 안 된다. 훌륭한 정치가는, 어떤 다른 현명한 사람과 같이, 반대자들로부터 언제나 더 많은 것을 배운다, 열렬한 지지자들로부터 보다.                    - 월터 립먼

Light is meaningful only in relation to darkness, and truth presupposes error. It is these mingled opposites which people our life, which make it pungent, intoxicating. We only exist in terms of this conflict, in the zone where black and white clash.                    - Louis Aragon

빛이 의미가 있는 것은 오직 어둠과의 관계 속에서 뿐이고, 진실은 오류를 전제한다. 이들 섞인 반대되는 것들이 우리들의 삶을 채우고, 그것을 자극적이고, 취하게 만든다. 우리가 존재하는 것은 이런 충돌의 관계 속에서, 흑백이 부딪치는 지역 속에서 일뿐이다.                    - 루이스 아건

**문맥** : presupposes = is meaningful only in relation to

postpone <post-, after + ~ : '뒤에 놓다' → 연기하다(put off)

### 문맥센스: Key Words

These people are among the one in five individuals who are chronic procrastinators. They habitually postpone doing something until it's difficult or impossible to get it done; meanwhile, they are overwhelmed with guilt and they worry about the consequences of putting off important tasks.

It is quite common to put off those tasks that cause anxiety because they are unpleasant or painful. Even people who don't usually procrastinate will delay dental appointments and physical exams simply because of the discomfort involved.

이런 사람들은 다섯 명 중에서 한 명인데, 만성적으로 연기하는 사람들이다. 이들은 습관적으로 연기하기 때문에 어떤 것을 하는 것이 어렵거나 불가능하다. 한편 이들은 죄의식으로 가득 차있고 중요한 과제를 연기하는 결과에 대해 걱정한다.

아주 흔히 이들이 연기하는 것은 불쾌하거나 고통스럽기 때문에 불안을 가져오는 일이다. 통상적으로 연기하지 않는 사람들조차 치과 약속과 신체 검사는 연기하는데, 이것은 단지 거기에 따른 불편함 때문이다.

**문맥 :** chronic = habitual. procrastinate = postpone = put off = delay.

preposterous ('앞과 뒤가 바뀐') 본말이 전도된, 불합리한 (absurd)
→ put the cart before the horse 마차를 말 앞에 놓다

propose ('앞으로 내놓다') 제의하다, 청혼하다
proposition 제의, 제안, 명제, 일

Investing is a long-term proposition.
투자는 장기적인 문제 또는 일(matter or undertaking)이다.

Investing is, by definition, a long-term endeavor.
투자는, 규정(개념)상으로, 장기적인 일이다.

purpose ('앞으로 내놓다' → 의도하다) 의도(intention), 목적, 목표 (aim)

### 문맥센스

The researchers discovered that individuals with a sense of purpose have a higher income and a bigger net worth than those who feel as though their lives lack meaning.

연구원들이 발견한 바에 의하면 목적의식이 있는 사람들이 소득이 더 높고 순자산 가치가 더 크다고 한다, 목적의식이 없는 사람들보다.

문맥 : with a sense of purpose (=who feel that their lives have meaning) ↔ who feel as though their lives lack meaning (=without a sense of purpose)

### 건강정보: 마음건강 → 신체건강

Senior citizens who <u>rated highly</u> on a purpose of life scale had a 30% lower rate of <u>cognitive decline</u> than those with <u>low scores</u>.

인생의 목적의식이 높은 노인들이 낮은 분들보다 인지력의 감퇴가 30% 더 낮았다.

**repose** (자기 자신을 '다시 놓다') (동) 쉬다. (명) 휴식, 평정, 고요

### 지혜의 공간: 고요

If water derives lucidity from stillness, how much more the faculties of the mind! The mind of the sage, being in repose, becomes the mirror of the universe, the speculum of all creation.　　　　　　　　　　　- Chuang Tzu

물이 맑아지는 것이 고요 때문이라면, 사람의 마음의 능력이야 얼마나 더 하랴! 성인(聖人)의 마음은, 고요 속에 머물기에, 온 세상의 거울, 만물의 반사경이 된다.　　　　- 장자(莊子)

**문맥** : repose = stillness

repository ('다시 놓는 곳') 저장소, 창고
* the vast repository of human knowledge
* data repository, commonly referred to as a data warehouse(data repository = data warehouse → repository = warehouse)

suppose ('밑에 놓다') 가정하다, 생각하다
supposedly

### 구문센스

Supposedly healthy foods can actually cause you to gain weight.

일반적으로 건강하다고 생각되는 음식이 실제로 체중 증가를 가져올 수 있다.

**표현** : gain weight 체중이 늘다 ↔ 체중이 줄다 lose weight

## 12 그리스어(Gr) _ *tithenai* (to put, place) 놓다

### ○ 놓다 2

<Gr. **tithenai**, (to put, place) 놓다 - (기억) '쎅쎅'(thet) 놓다

**epithet** <*epi-*, on + *tithenai*: '위에 놓은 것' → 별명(흔히 경멸적인)

**thesis** ('내놓은 것') 명제, 학위 논문
**antithesis** 반대되거나 대조되는 것, 정반대(the exact opposite)

### 문맥센스: 주제중심으로 읽기

The book's central thesis is that perseverance, even in the face of obstacles, is key to success. "Gritty" people simply go farther in life than everyone else.

그 책의 중심 주제는 끈기가, 장애에 부딪쳤을 때조차, 성공의 열쇠라는 것이다. "끈질긴" 사람들은 다른 사람들보다 의심할 여지 없이 인생에서 더 많이 성공한다.

**문맥 :** "gritty" = persevering. go farther = are more successful (구문) in the face of [구] → when (they are) faced with obstacles [절]

**주의 :** 주어진 진술의 진실을 강조하는 simply = without any question 의심할 여지없이, 틀림없이, 확실히, 진실로. (여기에는 '단순히'나 '단지'라는 뜻은 없다).

synthesis 합성, 종합 <*syn-*, together 함께

synthetic 합성의, 종합적인 → composite 혼합의, 복합의 <compose

synthesize 합성하다

### 명상자료: 양면의 지혜

Get the habit of analysis - analysis will in time enable synthesis to become your habit of mind. - Frank Lloyd Wright

분석하는 습관을 들여라 - 분석은 시간이 지나면 종합하는 것이 당신의 마음의 습관이 되게 할 수 있을 것이다.

― 프랭크 로이드 라이트

photosynthesis 광합성 <*photo-*, a light (빛)

hypothesis ('밑에 놓인 것') → 이론(theory)의 밑바탕이 되는 것
가설 <*hypo-*, under (밑에) → hypothermia 저체온(증)

### 명상자료

It is a hypothesis that the sun will rise tomorrow: and this means that we do not know whether it will rise.

― Ludwig Wittgenstein

이것은 가설이다, 내일 해가 뜨리라는 것 말이다. 이것이 뜻하는 것은 우리는 모른다는 것이다, 그것이 뜰지 (안 뜰지).

― 루트비히 비트겐슈타인

## 13 라틴어 _ferre (to bring, bear) '퍼' 가져오다, 낳다

### ○ 퍼 나르다

<L *ferre* (to bring; bear) '퍼' 가져오다, 낳다

**confer** 1.('함께 가져오다') 회의하다. conference 회의. *a news conference 기자 회견. 2.('완전히 가져오다') 주다, 수여하다. * confer A on B: A를 B에게 수여하다(bestow). conferral 수여

defer ('떼어 가져가다') 연기하다(put off; postpone; delay)

differ ('떼어 가져가다') 다르다. (형) different 다른. (명) difference

### 명상자료: 양면의 지혜

Talent perceives differences; genius, unity.
　　　　　　　　　　　　　　- William Butler Yeats

재능은 다른 점(다양성)을 파악하고, 천재는 같은 점(통일성)을 파악한다.　　　　　　　　　　- 윌리엄 버틀러 예이츠

다양성은 표면적, 외적인 특징이고 통일성은 깊은, 내적인 성품이다.

indifferent ('다르지 않은') 상관하지 않는, 무관심한
indifference 무관심

Those whom we can love, we can hate; to others we are indifferent.                    - Henry David Thoreau

우리가 좋아할 수 있는 분들을 우리는 미워할 수 있다. 기타에 대해서 우리는 무관심하다.              - 헨리 데이비드 소로

### 명상자료: 모든 것은 끊임없이 변한다

Chances are good you think you're more or less the same person you were last week. But the lining of your gut is totally different, and the hairs on your head are 2.5 millimeters longer.

아마 당신은 이렇게 생각할 것이다. 당신은 많든 적든 지난주의 당신과 같은 사람이라고. 그러나 당신의 창자의 내부 표면은 전혀 달라졌고, 당신의 머리털은 (지난주보다) 2.5 밀리미터 더 길어졌다.

**표현 :** Chances are good 아마 (perhaps)

어린 시절의 당신과 오늘의 당신을 비교해보면 외적으로는 완전히 변했음을 알 수 있을 것이다. 그러나 가장 깊은 수준에서 우리는 몸과 마음이 하나로 결합되어있으며 변하지 않는다. 우리가 죽을 때 이것은 우리의 몸을 버리고 나와서 다음 생의 몸으로 들어가며, 이 과정은 되풀이된다. 우리가 완전한 깨달음을 얻어서 모든 것과 하나가 될(성불할) 때까지.

infer ('안으로 가져오다') 추론하다. inference 추론
→ induce ('끌어들이다') 유발하다, 귀납하나. induction 귀납

offer ('앞으로 가져오다') 제의하다, 제공하다

### 삶의 지혜 +문맥센스

Contrary to the commonly held wisdom, people who make the opening offer in a negotiation have the upper hand.

The advantage is owed to something psychologists call the anchoring principle. It's a cognitive bias where people rely too much on the first piece of information they have.

일반적인 상식과는 반대로, 협상에서 먼저 제안하는 사람이 유리하다.
**문맥** : the upper hand = the advantage

이 유리한 점의 원인은 심리학자들이 고정시키는 원리라고 부르는 것이다. 이것은 인지적인 편향인데, 여기에서는 사람들이 지나치게 많이 자기들이 갖고 있는 첫째 정보에 의존한다.
**표현** : owe A to B [능동] A의 원인은 B다.
　　　　A is owed to B [수동]

In a salary negotiation, for example, whoever makes the first offer establishes the range of possible variation from that anchor. If you start high, the hiring manager may adjust the figure down slightly. But that's typically a stronger position than starting low and trying to negotiate up.

예를 들어, 봉급 협상에서 누구든지 먼저 제의하는 사람이 거기로부터 가능한 벗어날 수 있는 범위를 세운다. 만일 당신이 높이 시작하면, 고용하는 매니저는 그 숫자를 약간 조정해서 내릴 수 있다. 그러나 이것은 일반적으로 더 강한 입장이다, 낮게 시작해서 협상을 통해 올리려는 것보다.

prefer ('앞에 가져오다') 선호하다. preference 선호. preferential 우선적인
* get preferential tax breaks 우선/우대적인 세금 감면을 받다

refer ('되, 다시 가져오다') 조회하다
refer to ~에 대해 언급하다

### 문맥센스

Jealousy connotes feelings of resentment toward another, particularly in matters relating to an intimate relationship, while envy refers to covetousness of another's advantages, possessions, or abilities.

질투가 가리키는 것은 남에 대한 분개의 감정이다, 특히 친밀한 관계와 관련 있는 문제에서. 반면에 부러움이 가리키는 것은 남의 이점이나 소유물, 능력에 대해 탐내는 것이다.

**문맥** : connotes = refers to

### 영어의 발상법: 얘기

refer ('다시 가져오다') 언급하다, 참고하다. reference 참고, 참고인

When you apply for a job, an employer might ask for references.
당신이 일자리를 얻기 위해 지원할 때, 고용주가 참고인들을 요구할 가능성이 있다.

relate <refer: 얘기하다(얘기는 경험한 것을 말로 '다시 가져오는' 행위다), 관련짓다.

→ recount ('다시 셈하다') 얘기하다(give an account of)

related 관련 있는 ↔ unrelated

### 문맥센스

He tried to find the subtle connections between seemingly unrelated things.

그는 미묘한 관계들을 찾으려고 했다, 겉으로 보기에 관련이 없어 보이는 것들 사이에서.
**문맥** : unrelated = unconnected. seeming (=apparent) ↔ subtle (=not apparent or obvious)

Medical conditions associated with changes in mood, such as irritable bowel syndrome (IBS) and chronic fatigue syndrome (CFS), might also be related to gut microbiota.

기분상의 변화와 관련된 의료 상태 - 예를 들어, 과민성 장 증후군과 만성 피로 증후군 - 는 또한 장 미생물군과 관련이 있을 가능성도 있다.
**문맥** : related to = associated with

relation 관련, 친척(relative)

relative 상대적인 ↔ 절대적인 absolute
relativity 상대성

Next of kin is a person's nearest relative or relatives; sometimes, the nearest blood relative as defined by stature.

최근친자는 가장 가까운 친척이나 친척들이다. 때로는, 법률이 규정하는 가장 가까운 혈육 친척이다.

### 유머 쉼터

Where there's a will, there's a relative.　　- Ricky Gervais
→ Where there's a will, there's a way.

유언이 있는 곳에 친척이 있다.
→ 뜻이 있는 곳에, 길이 있다.

### 명상자료: 양면의 지혜

Beauty is as relative as light and dark. Thus, there exists no beautiful woman, none at all, because you are never certain that a still far more beautiful woman will not appear and completely shame the supposed beauty of the first.
― Paul Klee

아름다움은 빛과 어둠처럼 상대적이다. 따라서 아름다운 여자는 존재하지 않는다, 전혀 한 사람도. 왜냐하면 우리는 한 번도 확신할 수 없기 때문이다. 이보다 훨씬 더 아름다운 여자가 나타나서 첫 번째 여자의 우리가 생각했던 그 아름다움을 창피하게 만들지 않으리라고.
― 폴 클레

상대적인 것은 절대적으로 존재하지 않는다.

In relativity, movement is continuous, causally determinate and well defined, while in quantum mechanics it is discontinuous, not causally determinate and not well defined.
― David Bohm

상대성[거친 수준]에서는, 운동이 연속적이고, 원인에 의해 결정되며, 잘 구분이 되어있는데, 반면에 양자 역학[미세한 수준]에서는 그것이 불연속적이고, 원인에 의해 결정되지 않으며, 잘 구분되어있지 않다.
― 데이비드 봄

correlate with ~와 상관관계가 있다

suffer (어떤 것 '밑으로 가져가다') 겪다, 고통 받다

transfer ('가로질러 가져가다') 옮기다, 갈아타다, 양도하다
transferable ↔ nontransferable

### 건강정보 +문맥센스

The research shows that if your friend is happy, that brightness will infect you; if she's sad, that gloominess will transfer as well.

연구에 의하면 당신의 친구가 행복하면, 그 행복이 당신에게 전해지고, 그가 슬프면, 그 슬픔 또한 전해진다.

**문맥센스** : brightness = happiness. gloominess = sadness. transfer as well = infect you as well.

translate <transfer: 옮기다, 번역하다

A tight labor market is heating wage pressures, although they have yet to translate into substantial price increases.

빡빡한 노동시장이 임금 (인상) 압력을 가열시키고 있으나, 아직 이것이 물가 인상으로는 옮겨지지 않고 있다.

**표현 :** have yet to (do) = have not yet (done)

For the vast majority of people, higher wages do not seem to translate into financial security.

대다수의 사람들에게, 더 높은 임금이 금전적인 안정으로 옮겨지지 않는 것 같다.

### 문맥센스 +명상자료

Never elated when someone's oppressed, never dejected when another one's blessed. - Alexander Pope

절대로 기분 좋아하지 마라, 누군가 고통을 받을 때. 절대로 기분 나빠하지 마라, 다른 사람이 축복받을 때.

**문맥 :** elated ↔ dejected. oppressed ↔ blessed

circumference ('둘러 가져옴') 원둘레 <circle
* waist circumference 허리둘레

### 명상자료: 세상의 양면성

As our <u>circle</u> of <u>knowledge</u> expands, so does the <u>circumference</u> of <u>darkness</u> surrounding it.
- Albert Einstein

지식의 범위가 확장하면, 그것을 둘러싸고 있는 어둠(무지)의 범위도 그렇게 된다. - 아인슈타인

**문맥** : circumference = circle

In <u>expanding</u> the <u>field</u> of knowledge we but <u>increase</u> the <u>horizon</u> of ignorance. - Henry Miller

지식의 영역을 확장시킬 때 우리는 무지의 영역을 증가(확장)시킬 뿐이다. - 헨리 밀러

**문맥** : increase = expand. horizon = field

여기에 예외가 있다. 그것은 깨달음의 세계다. 완전한 깨달음(일체지一切智)를 얻으신 분, 붓다들에게는 무명(無明)은 모두 사라지고 밝고 밝은 지혜의 광명이 있을 뿐이라고 한다. 그러니 어찌 그들이 행복하지 않겠는가?

fertile ('낳는') 새끼나 열매를 생산할 수 있는, 다산하는, 비옥한.
fertility ↔ infertility 불임
fertilize 수정시키다, 비옥하게 하다. fertilizer 비료

→ futile ('퍼부은 물이 쉽게 쏟아져나가는') 소용없는(useless), 헛된(vain)

### 건강정보 +명상자료

As many as 40 percent of infertility patients get pregnant while taking placebo "fertility drugs."

불임 환자 중 무려 40 퍼센트가 임신한다, 임신 위약을 복용하는 동안에.

이것이 보여주는 것은 믿음의 힘이다. 가능을 믿는 사람들에게는 가능이 찾아오고 불가능을 믿는 분들에게는 불가능이 찾아오기 마련이다.

# 14　*gerere* (to carry) 나르다

○ 가져가다

<L *gerere* (to carry) 나르다 – (기억) 이레 '저레' 끌고 가져가다

ingest ('안으로 가져가다') 섭취하다. ingestion 섭취

### Key Words

Our consciousness is eating all the time, day and night, and what it consumes becomes the substance of our life. We have to be very careful which nutrients we ingest.

우리의 의식은 낮과 밤, 언제나 먹는데, 그것이 먹는 것이 우리들의 생명의 실체가 된다. (그러므로) 우리는 우리가 어떤 영양분을 먹는지 매우 주의해야 한다. (eat = consume = ingest)

congestion ('함께 가져옴') 혼잡. * nasal congestion 코 막힘.
* traffic congestion 교통 혼잡
decongestant 코 막힘 완화제

digest ('떼어/분리해 가져가다') 소화하다, 요약하다

### 건강정보: 멈춤과 비움의 중요성

When not digesting food, the body is in an enhanced repair and detoxification cycle.

음식물을 소화하지 않을 때, 신체는 높아진 복구 및 해독 주기에 놓여 있다.

### 문맥센스 +건강정보

Drinking milk is one of the defining traits of mammals, but humans are the only species on Earth to digest it after infancy, though even now, more than 75% of the world's population is still lactose intolerant.

우유를 마시는 것은 포유동물을 규정하는 특징 중의 하나다. 그러나 사람만이 지구상의 유일한 종이다, 그것을 소화할 수 있는, 유아기 후에, 비록 지금도 세계 인구의 75% 이상이 여전히 유당을 소화하지 못하지만.

After weaning, all other mammals, and most humans, cease producing lactase, the enzyme necessary to break down lactose, milk sugar.

젖을 뗀 후에, 모든 다른 동물들과 대부분의 사람들은 락타아제를 생산하지 않는데, 이것은 락토오스, 유당을 분해하기 위해 필요한 효소다.

**문맥** : lactose intolerant = cannot digest it = cannot break down lactose, milk sugar. After weaning = after infancy digestion ↔ **indigestion** 소화불량 <*in-*, no, not, non, without>

**exaggerate** ('지나치게 가져가다') 과장하다.
**exaggeration** 과장

### 문맥센스

We **exaggerate** misfortune and happiness alike. We are never as badly off or happy as we say we are.
— Honore de Balzac

우리는 불행과 행복을 다 같이 과장한다. 우리는 우리가 말하는 것처럼 불행하거나 행복한 적이 없다. — 오노레 드 발자크
**문맥** : badly off = unfortunate (=unhappy) ↔ happy

Their love of **exaggeration** was legendary, particularly if tall tales were being spun to an outsider.

과장에 대한 그들의 사랑은 전설적이었다, 특히 과장을 외부인에게 하는 경우에 말이다.
**문맥** : tall tales = exaggeration

**gesture**

### 문맥센스 + 명상자료

Research shows requiring children to speak while they are learning has no effect on enhancing learning – but requiring them to gesture helps them retain the knowledge they gain.

According to one researcher, "Gesturing can thus play a causal role in learning, perhaps by giving learners an alternative, embodied way of representing new ideas."

연구에 의하면 아이들에게 배우는 동안에 말하게 하는 것은 배움을 높여주는 효과가 없다 – 그러나 그들에게 제스처를 하게 하면 그들이 얻은 지식을 보유하는 데 도움이 된다고 한다.
**문맥** : has no effect on enhancing learning = does not help them retain the knowledge they gain

한 연구원에 의하면, "제스처를 하는 것은 그리하여 배움에서 원인적인 역할을 할 수 있는데, 아마 이것은 학습자들에게 새로 배운 것을 달리 몸으로 표현하는 방법을 제공해주기 때문인 것 같다."

register ('되 가져오다' → 반복하다 (repeat), 보고하다 (report), 기록하다 (record), 등록하다. registration 등록

suggest ('밑으로 가져오다') 제의하다, 암시하다 <sub-, under suggestion
* make a suggestion = to suggest

## 15 라틴어 _ *mittere* '밀어' 보내다

### ○ 보내다

<L *mittere* '밀어' 보내다

ad<u>mit</u> ('로 보내다') 들여보내다, 인정하다
admission

### 명상자료: 문제해결의 시작 = 문제인정

You've got to start by being honest with yourself. If you're shy, admit it, and get comfortable with that fact.

당신 자신에게 정직해지는 것으로 시작해야 한다. 만일 당신이 수줍으면, 그것을 인정하고 그 사실에 대해 마음을 편안하게 가져라.

### 문맥센스

**How To Stop Obsessing About Work**
Is there no life besides work? The first step is admitting you're a workaholic. Once you own that, you're ready to reform.

**일에 대한 집착을 중단시키는 법**
일 외에 삶이 없나? 첫째 단계는 당신이 일중독자라는 것을 인정하는 것이다. 일단 그것을 인정하면, 당신은 바뀔 준비가 되어있는 것이다.

**문맥 :** workaholic = obsessed about work. own = admit

commit ('함께/완전히 보내다') 맡기다, 약속하다
* commit to memory: learn by heart; memorize (암기하다)

### 문맥센스

Losers make promises they often break. Winners make commitments they always keep.       – Denis Waitley

패자들은 약속을 하고 흔히 지키지 않는다. 승자들은 약속을 하면 항상 지킨다.

**문맥 :** winners ↔ losers. commitments = promises. keep ↔ break (=dont' keep)

Most sexual violence perpetrators are, in fact, known to the victim – just 28% of rapes are committed by strangers.

대부분의 성폭행을 범하는 사람들은, 사실, 희생자들이 아는 사람들이다 – 강간 가운데 28%만이 모르는 사람들이 저지른다.

**문맥 :** perpetrators = committers (perpetrate = commit). rape = sexual violence

### 양면의 지혜

Stay committed to your decisions,
but stay flexible in your approach.      - Anthony Robins

당신의 결정에 대해서는 확고한 태도를 유지하나,
접근하는 방법에 대해서는 유연성을 유지하라.

Obey the principles without being bound by them.
                                        - Bruce Lee
원칙을 준수하되 거기에 얽매이지 마라.          - 이소룡

원칙에 얽매이지 않으려면 먼저 원칙에 대한 철저한 이해와 유연한 태도, 지혜가 필요하다.

compromise ('함께 앞으로 보내다') 타협하다, (타협으로 인해) 약화시키다 (weaken)

### 건강정보

Anything that slows down your digestion is going to compromise your energy.

당신의 소화를 느리게 하는 것은 당신의 에너지를 약화시킨다.

### 문맥센스 +순해순역

In general, losing weight is a good thing for those who are overweight, but it's important to lose weight in a way / that enhances your health / rather than one that may compromise it.

일반적으로, 체중이 주는 것은 과체중인 사람들에게는 좋은 일이다, 그러나 중요한 것은 체중이 주는 방법이 / 자신의 건강을 높여줘야지 / 약화시키지 말아야 한다.

**문맥** : enhance ↔ compromise

### 논리적인 읽기: 관계 대명사에 숨어있는 논리관계

While the flu is a nuisance for most Americans, it can be a matter of life or death for children, who have less-developed immune systems, and the elderly, whose immune systems can be compromised.

독감이 대부분의 미국인들에게는 귀찮은 존재지만, 이것은 어린이들에게는 생사의 문제가 될 수 있다. (왜?) 왜냐하면 이들은 면역체계가 덜 개발되어있고, 그리고 노인들에게도, 왜냐하면 이들은 면역체계가 약해질 수 있기 때문이다.

demise ('떼어 보내다') 죽음 (death)

dismiss ('떼어 보내다') 해산/해고하다, 배척하다

**문맥센스 + 사회공부**

The class taps into a growing sense of unease among devotees of the empirical method that valid science is too frequently distorted or dismissed – while outright scams are embraced.

이 강좌가 이용하는 것은 경험적인 방법의 신봉자들 사이에서 증가하는 불안감이다. 타당한 과학이 너무도 흔히 왜곡되거나 배척되고 – 반면에 노골적인 사기가 받아들여지는 데 대한.

**문맥** : outright scam ↔ valid science. embrace ↔ dismiss
**표현** : tap into ~을 이용하다 (to make use of)

emit ('밖으로 보내다') 내보내다(send out), 내뿜다(give off)
emission 배출, 방출

intermittent ('사이에 보내는') 때때로 중단하는, 간헐적인

### 문맥센스

By "intermittent <u>fasting</u>" or <u>going without food</u> for periods from 12 to 36 hours you get some of the longevity benefits of calorie restriction without starving.

간헐적인 단식 또는 12로부터 36 시간의 기간 동안 음식을 먹지 않음으로써 우리는 칼로리를 제한하면서 굶주리지 않는 것의 장수 혜택들 중 일부를 얻는다.

**문맥** : fasting = going without food. intermittent = for periods from 12 to 36 hours

---

omit ('완전히 보내다') 빼놓다 (leave out), 하지 않다 (fail to do)
omission

---

### 명상자료

The omission of good is no less reprehensible than the commission of evil.

선(善)을 행하지 않는 것은 악을 행하는 것 못지않게 비난 받아 마땅하다.

**문맥** : omission ↔ commission. good ↔ evil

permit ('필요한 절차를 '통해서 보내다') 허가하다, 허가
* get a permit [가산 명사] from ~
* obtain permission [불가산 명사] to (do)

premise ('미리 보내다') 전제(前提)

promise ('앞으로 보내다') 약속하다, 약속

remit ('돌려보내다') 송금하다, (질병의 증상이) 감소하거나 사라지다
remittance 송금
remission (증상의) 감소나 소멸

* (a) be in remission 감소나 소멸 상태에 있다 [상태]
  (b) go into remission 감소나 소멸 상태로 들어가다 [동작]

### 문맥센스

For some cancer patients, a new group of drugs has led to <u>remarkable remissions</u> <u>with few side effects</u>. But others have tried them, only to find <u>little benefit</u> <u>and a lot of discomfort</u>.

일부 암 환자들에게, 한 새로운 무리의 약은 놀라운 증상의 감소를 가져오고 부작용은 적었다. 그러나 다른 환자들은 복용해도 거의 이익은 없고 불편함(부작용)은 많았다.

**문맥** : remarkable remissions (=great benefit) ↔ little benefit. with few side effects (=and little discomfort) ↔ and a lot of discomfort (=with a lot of side effects)

---

**submit** ('밑으로 보내다') 제출하다, 굴복하다
submit(=hand in; turn in) a resume 이력서를 제출하다
submit one's <u>resignation</u> 사직서를 제출하다
submission 제출, 굴복
submissive 굴복하는

**명상자료: 굴복(자기 자신을 대상에게 맡김) = 정복 (=합일)**

In the world there is nothing more submissive and weak than water. Yet for attacking that which is hard and strong nothing can surpass it. - Lao Tzu

세상에는 아무것도 물보다 더 고분고분하고 약한 것이 없다. 허나 단단하고 튼튼한 것을 공격하기 위해서는 아무것도 물을 능가하지 못한다.

**문맥 :** hard and strong ↔ submissive and weak

True strength lies in submission which permits one to dedicate his life, through devotion, to something beyond himself. - Henry Miller

진정한 힘은 맡기는 데에 있다. (왜?) 왜냐하면 이로 인해 우리는 우리의 삶을, 헌신(맡김)을 통해, 자신을 초월하는 어떤 것에 바칠 수 있으니까. - 헨리 밀러. (문맥) devotion = submission

transmit ('가로질러 보내다') 옮기다

### 수식어(형용사) 첨가에 따른 부정관사 첨가

An estimated 20 million cases of sexually transmitted infections occur each year in the U.S.

추산에 의하면 2천만 건의 성적으로 옮겨지는 감염이 해마다 미국에서 발생한다.

= It is estimated that 20 million cases of ~
= Estimates have it that 20 million cases of ~

**기본** : 20 million cases
**확장** : an estimated 20 million cases

---

### 명상자료: 웃음과 미소(긍정적인 감정)의 중요성

A well-timed joke can be the quickest route to building a new relationship and can also increase productivity. Laughing and smiling produces dopamine, a neurotransmitter involved in efficiency, creativity, and engagement.

**표현** : involved in = taking part in ~에 참여(관여)하는

때를 잘 맞춘 농담은 가장 빨리 새로운 관계를 맺고 또한 생산성을 증가시킬 수 있다. 웃음과 미소는 도파민을 생산하는데, 이 신경 충동을 전달하는 물질은 능률, 창의성, 열중에 관여한다.

transmission 변속기
manual transmission 수동 변속기

In 2014, Mark Zuckerberg traded in his $30,000 Acura for a manual-transmission Volkswagen hatchback.

2014년에, 마크 주커버그는 3만 달러짜리 Acura를 넣어주고 수동-변속기를 갖춘 Volkswagen hatchback를 샀다.

**표현** : to trade in X for Y (X를 주고 X의 가격만큼 Y의 가격에서 감면 받고 Y를 사다)

## 운동, 이동 16

> ○ 운동, 이동

motion

**문맥센스: Key Words**

An animal's muscle cells use sugar to power **movements**, converting chemical energy to **kinetic** energy, / the energy of motion.

동물의 근육 세포는 당분을 이용하여 운동에 동력을 제공하여, 화학적인 에너지를 키네틱 에너지(운동 에너지)로 전환한다.
**문맥** : kinetic energy = the energy of motion

commotion ('함께 움직임') 소요, 소동
emotion ('밖으로 움직임') 감정

**감정에 대한 의식과 통제의 중요성**

Being more aware and in control of your **emotions** is a great way to <u>maintain</u> better, healthier relationships.

자신의 감정을 더 잘 알고 통제하는 것은 더 낫고, 더 건강한 인간관계를 유지하기 위한 매우 중요한 방법이다.

An amazing skill (which you can learn through practice) is to set aside your emotional response in the moment and focus on the information presented to you. Some of it will be valid and some of it invalid but let your brain decide that, not your ego.

놀라운 기술(이것은 연습을 통해 배울 수 있다)은 주어진 순간에 감정적인 반응을 젖혀놓고 당신에게 제시된 정보에 집중하는 것이다. 그 중에서 일부는 타당하고 일부는 타당하지 않을 것이나, 당신의 두뇌가 결정하게 하고, 에고가 결정하게 하지 말아야 한다.

People who are truly focused on success don't let anger, whining, depression, or resentment get in their way no matter whom the emotion belongs to. Emotion unnecessarily takes energy, and ego causes distraction.

진실로 성공에 집중하는 사람들은 분노나 불평, 우울감이나 분개심이 방해하게 내버려두지 않는다, 이들 감정이 누구의 것이든. (왜냐하면) 감정은 불필요하게 에너지를 빼앗고, 에고는 마음이 딴 곳으로 끌리게 만들기 때문이다.

motive 동기
motivate 동기를 유발시키다 ↔ demotivate
Motivation is a primary factor in learning.
동기 유발은 배움에서 가장 중요한 요소다.

### 문맥센스

The simple fact that you'll end up with more money than you actually put away is  one way to motivate yourself to save.

결국 우리가 실제로 저축한 것보다 더 많은 돈을 갖게 되리라는 단순한 사실이 우리들 자신의 동기를 유발시켜 저축하게 만드는 한 가지 길이다.

**문맥 :** put away = save

### 명상자료: 중도(中道)의 지혜

The Goldilocks Rule states that humans experience peak motivation when working on tasks that are right on the edge of their current abilities. Not too hard. Not too easy. Just right

골디락스 원칙에 의하면 사람이 최고의 동기유발을 경험하는 때는 자신의 현재 능력의 바로 가장자리에 있는 과제에 관한 일을 할 때이다. 너무 어렵지도 않고, 너무 쉽지도 않으며, 딱 맞는.

promote ('앞으로 움직이게 하다') 증진하다, 승진시키다
↔ demote

### 문맥센스

Jack was bright but lazy and because of his indolence was never promoted.

잭은 영리했으나 게을렀는데, 게으름 때문에 승진한 적이 없었다.
**문맥 :** because of his indolence = because he was lazy

---

remote ("removed" 뒤로 옮겨놓은) 먼(distant)

---

### 문맥센스: Key Words

Most work-from-home jobs will indicate in the job posting that they're remote. If not, you can assume that telecommuting isn't the modus operandi for the position.

대부분의 집에서 일하는 일자리는 그것이 재택근무라는 것을 그 일자리 설명에 표시한다. 그렇지 않은 경우, 우리는 가정할 수 있다, 재택근무가 그 일자리에는 적용되지 않는다고. (문맥) work-from-home = remote = telecommuting. job = position. (표현) modus operandi 행동 방식 (mode or way of operation)

---

remove ('도로 옮기다') 없애다, 제거하다

### 문맥센스

What needs to be discarded should be eliminated.
없앨 필요가 있는 것은 없애야 한다.
**문맥** : discard = eliminate

We cannot get rid of these misconceptions in the way (=as) we remove a thorn.

우리는 이들 그릇된 개념을 제거할 수 없다, 가시를 제거하듯이.
**문맥** : get rid of = remove

Since 2000, four countries have eradicated malaria with the foundation's help. And in 2014, India became polio-free.

2000년 이후, 네 나라가 그 재단의 도움으로 말라리아를 퇴치했다. 그리고 2014년에는, 인도가 소아마비를 퇴치했다.
**문맥** : became polio-free = eradicated polio.

---

mobile ('움직이는') 이동 가능한 ↔ immobile
mobilize 동원하다 ↔ immobilize

### 명상자료: 모든 것은 자산

Life is constantly providing us with new funds, new resources, even when <u>we are reduced to immobility</u>. In life's ledger there is no such thing as <u>frozen</u> assets.

　　　　　　　　　　　　　　　　　　　　- Henry Miller

인생은 끊임없이 우리들에게 제공해준다, 새로운 자금, 새로운 자원을, 심지어 우리가 움직이지 못하게 되었을 때에도. 인생의 장부에는 동결된 자산과 같은 것은 없다.　　　　- 헨리 밀러

**표현** : are reduced to immobility = cannot move

## ○ 변화

**mutate**

*Omnia mutantur, omnia fluunt.* — Heraclitus
All moves, all flows.

모든 것은 움직이고(변하고), 모든 것은 흐른다. — 헤라클레이토스

mutation 변화, 돌연변이
mutable 바뀔 수 있는 ↔ immutable

permutation ('철저한 변경') 근본적인 변경. (수학) 치환

### 문맥센스

Fossils of animals confirmed that even the bodies of animals, once thought immutable, could change.

동물들의 화석이 확인해주었다, 동물들의 신체조차, 한때 변할 수 없다고 생각했으나, 변할 수 있다는 것을.
**문맥** : immutable = that they could not change)

mutual 상호간의

## 문맥센스

Many people believe a happy career and a fat paycheck are mutually exclusive, but a study has found that these two things can go hand in hand.

많은 사람들은 생각한다. 행복한 직업과 두툼한 봉급은 상호 배타적이라고. 그러나 한 연구에 의하면 이들 둘은 병행할 수 있다.

**문맥** : are mutually exclusive (=cannot go hand in hand) ↔ can go hand in hand

The race of mankind would perish did they cease to aid each other. We cannot exist without mutual help.

인류는 멸망할 것이다, 그들이 서로 돕지 않는다면. 우리는 존재할 수 없다, 서로 돕지 않으면.
**문맥** : mutual help = aiding each other

---

commute (두 곳을 '힘께 움직이다') 통근하다, 통근
* short commute

> 문맥센스

New York, the city with <u>the longest</u> commute, has the biggest percentage taking <u>mass transit</u>; Oklahoma City has <u>the shortest</u> travel time but the smallest use of <u>public transportation</u>.

뉴욕은, 가장 긴 통근시간을 가진 도시인데, 최대 비율의 사람들이 대중교통 수단을 이용한다. 오클라호마 시는 통근시간은 가장 짧으나 최소 비율의 사람들이 대중교통 수단을 이용한다.

**문맥 :** the longest commute ↔ the shortest travel time. the biggest percentage taking <u>mass transit</u> ↔ the smallest use of public transportation (mass transit = <u>public transportation</u>)

trans<u>mute</u> ('가로질러/옮겨 움직이다') 변하다

## 18 라틴어 _ *pellere* '펄펄' 몰다

### ○ '펄펄' 몰다

L *pellere* (to drive) 몰다

### 논리적인 읽기 +문맥센스

Higher wages would show that employers are being compelled to grant raises amid a shortage of available new workers - a consequence of labor-market tightening.

임금 인상이 보여주는 것은 고용주들이 어쩔 수 없어서 임금을 올려준다는 것이다. 채용할 수 있는 새 노동자가 부족해서 - 노동력의 부족은 노동-시장의 단축의 결과이다.

compelling ('강하게 몰고 가는') 강력한(powerful), 설득력 있는 (convincing), 매혹적인(captivating)
compulsion 강제, 강압, 충동
compulsive 강제적인, 하지 않고는 못 배기는
compulsory 강제적인, 의무적인

### 명상자료

A man is truly ethical only when he obeys the compulsion to help all life which he is able to assist, and shrinks from injuring anything that lives. - Albert Schweitzer

어떤 사람이 진실로 윤리적인 것은 오직 자기가 도울 수 있는 모든 생명체를 도우려는 충동을 따르고 어떤 생명체도 해치지 않을 때뿐이다. - 앨버트 슈바이처

**문맥 :** assist = help.
**표현 :** shrink from = avoid

---

dispel ('떼어 몰다') 쫓아버리다, 없애다

---

### 건강정보

Side sleeping opens a passage in the brain called the glymphatic pathway that dispels waste and other chemicals.

옆으로 누워 자면 뇌에 있는 노폐물 제거 통로가 열려 노폐물과 기타 화학물질을 제거한다.

**문맥 :** Side sleeping = Sleeping on your side

expel ('밖으로 몰다') 쫓아내다, 추방하다
expulsion 추방

impel ('안으로 몰다') 강요하다
impulse 충동
impulsive 충동적인

### 문맥센스 +순해순역

It's better / to take your time / to find the right car than rush into an impulse buy.

더 나은 것은 / 시간을 들여서(천천히) / 바른 차를 구하는 것이다, / 허겁지겁 충동적으로 사는 것보다.

### 명상자료

Whenever I hear anyone arguing for slavery, I feel a strong impulse to see it tried on him personally.
　　　　　　　　　　　　　　　　　　- Abraham Lincoln

어떤 사람이 노예제도를 찬성하는 주장을 하는 것을 들을 때마다, 나는 강한 충동을 느낀다, 그것이 그에게 직접 시험되는 것을 보고 싶은.　　　　　　　　　　　　　　- 에이브러햄 링컨

propel ('앞으로 몰다') 추진시키다
propulsion 추진

repel ('뒤로 몰다') 물리치다, 혐오감을 느끼게 하다

### 문맥센스 : 대조

Even people who are <u>normally</u> attracted to us are repelled when they see us angry.

통상적으로(여느 때) 우리들에게 매력을 느끼는 사람들조차 혐오감을 느낀다, 우리가 화가 난 것을 보면.
문맥 : normally ↔ when they see us angry. attracted to us ↔ repelled (by us)

repellent
* a <u>mosquito repellent</u>. 모기 쫓는 약
* <u>water-repellent</u>: that repels water for a short time but is not throughly <u>waterproof</u>. 물을 잠시 물리치나 완전히 방수는 안 되는

repulsion 배격, 혐오감
repulsive 배격하는, 혐오감을 불러일으키는

## 19 '팍팍' 누르다

### ○ '팍팍' 누르다

press 누르다

compress ('함께 누르다') 압축하다
decompress ('떼어 압축하다' → 압축을 풀다) 감압하다, 긴장을 풀다

\* to decompress and <u>chill out</u> 긴장을 풀고 냉정(침착)해지다

depress ('밑으로 누르다') 우울하게 하다

### 문맥센스

If you're prone to depression, a specific thinking pattern could be what keeps pulling you down.

만일 당신이 쉽게 우울해진다면, 특정한 사고 유형이 계속해서 당신을 우울하게 만드는 것일 수 있다.
**문맥** : pull down = depress.

**표현** : be prone to depression = tend to feel depression = often feel depressed 흔히 우울해지다

When we face difficulties or hard times, we easily become depressed, yet rarely, if ever, do we feel upset about others' difficulties.

우리가 어려운 일이나 힘든 때에 직면하면, 우리는 쉽게 우울해지나, 드물게, 한 번이라도 그렇게 한다고 해도, 남들이 처한 어려운 일에 대해서는 우울해진다.

**문맥 :** feel upset = become depressed

depression 우울

### 문맥센스

If you tend to overeat because of depression, first take steps to recognize the source of your sadness.

만일 당신이 흔히 과식한다면, 우울하기 때문에, 먼저 조처를 취해서 당신의 슬픔(우울)의 근원을 알아보라.

**문맥 :** sadness = depression

It's totally normal to feel depressed at times. But there is a big difference between a case of the blues and sustained depression.

완전히 정상적이다, 때때로 우울해지는 것은. 그러나 큰 차이가 있다, 한 차례의 우울과 지속적인 우울 사이에는.

**문맥 :** a case of the blues ↔ sustained depression (the blues = depression)

antidepressant 항우울제

### 건강정보 +문맥센스

While antidepressants are very effective in treating depression, they can also contribute to low sexual interest.

항우울제는 매우 효과적으로 우울을 치료하는 반면에, 또한 성적인 관심을 떨어뜨리는 데에 이바지할 수 있다.
**순해** : be effective in treating ~을 효과적으로 치료하다

Exercise jump-starts sexual desire - even for women who experience low libido as a side effect of antidepressants.

운동은 성적 욕망을 부활할 수 있다 - 심지어 항우울제의 부작용으로 성욕이 감소한 여자들에게조차.
**문맥** : libido = sexual desire

### express ('밖으로 누르다') 표출/표현하다

express (*adj.*): fast and direct → express mail 속달 우편. registered mail 등기 우편

impress ('위에 누르다') (도장 등을) 찍다, ~에게 인상을 주다
impressed [passive, 수동적] 인상 받은
impressive [active, 능동적] 인상을 주는

oppress ('대해서 누르다') 억압하다

pressure 압력

blood pressure 혈압

Active managers - portfolio managers who research and choose investments - have been under pressure to cut their fees in large part because of the rise of passive investing, which entails doing nothing more than tracking a market index.

능동적인 매니저들(연구해서 투자를 선택하는 포트폴리오 매니저들)은 서비스 요금을 깎아달라는 압력을 받아왔는데, 이것은 주로 수동적인 투자의 발생 때문이다. 수동적인 투자는 시장 지표를 추적하는 것 이상을 필요로 하지 않는다.

**건강정보: 음악 – 감동 – 공명(共鳴) - 합일 - 안정**

A study found that participants who listened to classical music had significantly lower blood pressure levels than participants who did not hear any music.

한 연구에 의하면 참석자들 중에서 고전 음악을 듣는 사람들은 혈압이 상당히 더 낮았다, 아무 음악도 듣지 않는 참석자들보다.
문맥 : hear = listen to

repress ('되 누르다') 억압하다

suppress ('아래로 누르다') 억누르다, 진압하다
* a pistol fitted with a sound suppressor 소음기를 갖춘 권총

**명상자료: 작은 재난은 축복**

Modern ecological practice recognizes that suppression of all forest fires today simply sets up forests for larger and more destructive catastrophes tomorrow. In all likelihood, financial systems are no different; small catastrophes are probably essential in maintaining their ongoing health.

현대 생태학의 관행은 인정한다, 오늘 모든 산불을 진압하는 것은 단지 내일 더 크고 더 파괴적인 산불을 마련할 뿐이라고. 십중팔구, 금융 체제도 다르지 않다. 작은 재난은 아마도 금융계의 계속적인 건강을 유지하는 데에 필수적이다.

## 라틴어 _ *fundere* '풍덩' '퍼서' 쏟아 붓다  20

### ○ 붓다

<L *fundere* '풍덩' '퍼서' 쏟아 붓다

fusion (한 곳에 '쏟아 붐') 융합, 통합

### 문맥센스

Fusion cuisine brings together the cooking of two or three cultures.

통합 요리는 두, 세 문화(사회)의 요리를 합치는 것이다.
**문맥 :** brings together = fuses. cooking = cuisine

cuisine. 요리.<kitchen. * French cuisine 프랑스 요리
chef 주방장 <*chef de cuisine*, 'chief of the kitchen'

confuse <*confundere* ('함께-한 곳에- 퍼붓다') 혼동하다.
confusion 혼동, 혼란

confound <*confundere*: 어리둥절하게 만들다(make ~ feel confused;bewilder; puzzle)

### 순독순해 +명상자료

Rather than a problem to be solved, the world is a joyful mystery / to be contemplated / with gladness and praise.
- Pope Francis

해결해야 할 문제라기보다, 세상은 즐거운 신비이니 / 사유하며 / 기뻐하고 찬양해야 한다.
- 프란시스코 교황

fuzzy 분명하지 않은(not clear), 흐릿한(blurred)

diffuse ('떼어 붓다') 흐트러뜨리다, 퍼뜨리다

### 논리구조: 정의 + 원인

Diffusion is the spontaneous spreading of matter / caused by random movement of molecules.

**정의** : 확산은 물질의 자연발생적인 흩어짐이다.
**원인** : 분자의 일정하지 않은 운동.

infuse ('안에 붓다') 불어넣다(inspire)

profuse ('앞으로 붓다') 아낌없이 주는(generous).
profusion 풍부(abundance)
a profusion of 풍부한, 많은

refuse ('도로 쏟아 붓다') 거절하다(decline)
→ reject ('도로 던지다') 거절하다, 거부하다(refuse; decline)

suffuse ('밑에 붓다') 채우다(fill)

transfuse ('옮겨 붓다') 옮겨 붓다, 수혈하다.
transfusion.
blood transfusion 수혈. therapeutic blood transfusions 치료목적의 수혈

futile ('쉽게 쏟아져 나가는') 소용없는(useless), 헛된(vain).
futility

## 21 라틴어 _jacere_, to throw 던지다

### ○ '작' 던지다

<L *jacere*, to throw 던지다

ejaculate ('밖으로 던지다') 사정(射精)하다
premature ejaculation 때 이른 사정(조루)

adjacent ('~에 던져져있는') 인접한
* adjacent to = next to

conjecture (이것저것 '함께 던져보다') 추측하다, 추측
dejected ('아래로 던져진') 낙망한, 우울한 (depressed; downcast)

inject ('안에 던지다') 투입하다, 주사하다

### 문맥센스

Inject fun into any joyless part of your life. Everything will change.

재미(기쁨)를 투입하라 / 당신의 삶의 재미없는 부분 속에. (그러면) 모든 것이 바뀔 것이다. (문맥) fun = joy

object ('앞에 혹은 대항해 던지다') 대상, 반대하다
objection 반대
objective (형) 객관적인 ↔ 주관적인(subjective). (명) 목표

subject ('아래로 던지다') (명) 주제. (형) 지배받는. (동) 지배받게 하다

### 사회공부

History is so subjective. The teller of it determines it.
역사는 너무도 주관적이어서 그것을 말하는 자가 그것을 결정한다.

project ('앞으로 던지다') (동) 투사하다. 발사하다, 내뿜다.
   (명) 사업
projection

### 자리읽기

Now she exudes the confidence (that) she once routinely projected.

지금 그는 내뿜는다, 한때 늘 내뿜던 그 자신감을.
**자리 :** exude the confidence / project the confidence (exude = project) [동일 목적어]

reject ('다시/도로 던지다') 거절하다, 버리다

**명상자료: 우리들을 지배하는 것은 우리들 자신의 생각**

Reject your sense of injury, and the injury itself disappears.

- Marcus Aurelius

상처를 받았다는 너의 생각을 버려라, 그러면 그 상처 자체가 사라진다.

- 마커스 오렐리어스

## 라틴어 _ *tractus* '타닥타닥' tractor로 끌다 22

### ○ 끌다

<L *tractus, trahere* (to draw)의 과거분사

traction 끄는 힘, 매력

### 논리적인 읽기

: 표현방식에 얽매이지 말고 논리적인 관계파악에 집중하라!

EM (emerging markets) economies are failing to gain traction in a context of subdued global growth and uncertainty around Fed rate hikes.

이머징 마켓 경제들이 매력을 얻지 못하고 있다. (왜?) 세계의 경제 성장의 저조와 연방 정부의 금리 인상의 불확실성이라는 사정 때문이다.

abstract ('끌고 가버린') (형) 추상적인. (명) 논문요약 <*abs-*, away → digest ('떼어 가져가다') 요약한 것
      summary ('합계') 요약 <sum

attract ('~로 끌다') 끌다

### 명상자료: 유유상종 (like attracts like.)

You attract whatever corresponds to your inner state.

당신이 끄는 것은 뭐든 당신의 내부(마음) 상태와 상응하는 것이다. [따라서 당신의 행복과 불행의 원인은 외부에 있는 것이 아니라 당신의 마음 자체에 있다.]

contract ('함께 끌다') (동) 수축하다(shrink), (질병 등을) 얻다, 계약하다. (명)계약

### 문맥센스

Hong Kong's economy grew by 1.6% in the second quarter, after a contraction of 0.5% in the first.

홍콩의 경제는 2분기에 1.6% 성장했는데, 1분기에는 0.5% 수축 했다.
**문맥** : contraction ↔ growth

detract ('끌어내리다') 깎아내리다(belittle), 헐뜯다(disparage) <de-, 떼어.

Detract not from others, but neither be excessive in commending.

남들을 헐뜯지도 말고, 지나치게 칭찬하지도 말라.
**문맥** : detract from ↔ commend (= praise)
**표현** : be excessive in commending = commend excessively

distract ('떼어 끌고 가다') 딴 곳으로 돌리다(divert) <dis-, apart
distraction

### 명상자료: 집중의 중요성

A study showed that multitaskers fared poorly at ignoring irrelevant information and therefore were increasingly susceptible to distractions.

한 연구에 의하면 한 번에 두 가지 이상의 일을 하는 사람들은 부적절한 정보를 무시하는 것을 잘 하지 못해서 점점 더 쉽게 마음이 딴 곳으로 끌려갔다.
**표현** : to fare poorly at = be poor at ~을 잘 하지 못하다 ↔ be good at. susceptible to colds 쉽게 감기에 걸리는

extract ('밖으로 끌어내다') (동)끌어내다, 추출하다. (명) 추출물

**영어가 어려워 보이는 이유: 표현의 다양성**

Heroin is a derivative of morphine, which itself is an opium extract. (heroin ← morphine ← opium)

그러나 이런 식으로 정보중심으로 읽을 수 있는 눈을 기르면 영어는 아주 쉬워진다.

헤로인: 모핀 추출물. 모핀: 아편 추출물 / 헤로인 < 모핀 < 아편

extraction 추출, 혈통.
He is an American of Korean extraction.
그는 한국계 미국인이다. (=He is a Korean-American.)

intractable ↔ tractable (원하는 데로 끌고 갈 수 있는) 다루기 쉬운(easily controlled)

### 문맥센스

He has already helped cure some disorders that were once thought intractable.

그는 이미 도움을 주어 일부 질환들을 치료했다, 한때 치료할 수 없는 것으로 생각되던 것들을.

**문맥 :** intractable = incurable

He was able to resolve difficult family relationships that many therapists found intractable.

그는 어려운 가족 관계들을 해결할 수 있었다, 많은 치료사들이 해결할 수 없다고 본 것들을.

**문맥 :** intractable = not able to be resolved

protract ('앞으로 끌고 가다') 연장하다(prolong, extend)

### 논리적인 읽기

Her face was blanched, a result of protracted insomnia.
<blank 공백>

그녀의 얼굴은 창백했다 - (왜?) - 장기적인 불면증 때문에.

### 영어의 발상법: 묘사

1. 앞으로 끌어오다
   set forth ('앞으로 내놓다') 설명하거나 묘사하다(explain or describe)
   portray ('앞으로 끌고 오다') ~을 그림으로 그리다, 묘사하다
   portrait 초상화 → trait 특징(characteristic)
2. 그려 내려놓거나 써 내려놓다
   set down [(머릿속에 든 것을) '내려놓다'] 기록하다(record)
   write down (머릿속 생각을) 써 내려놓다
   copy down 베껴 내려놓다
   jot down '작작' 써내려놓다
   scribble down '사각사각' 써내려놓다

### 문맥센스

The countenance is the portrait of the soul, and the eyes mark its intentions. - Marcus Tullius Cicero

얼굴 - 영혼 묘사 / 눈 - 영혼의 의도 묘사
**문맥** : mark(동사) = are the portrait of

### 명상자료: 내심-외경

Every portrait that is painted with feeling is a portrait of the artist, not of the sitter.  — Oscar Wilde

모든 초상화는 감정을 갖고 그리면 화가 자신의 초상화지, 그가 그리는 대상의 초상화가 아니다.  — 오스카 와일드

People do not seem to realize that their opinion of the world is also a confession of [their] character.
— Ralph Waldo Emerson

사람들은 깨닫지 못하는 것 같다. 세상에 대한 자기들의 견해는 또한 그들의 인격의 고백이라는 것을.  — 랠프 월도 에머슨

왜 이럴까? 보는 것과 생각하는 것은 우리들 각자의 마음이기 때문이다.

### 문맥센스: 비교

What makes us cry is simple to describe.
What makes us laugh is harder to pin down.

무엇이 우리들을 울게 만드는지는 설명하기 간단하다.
무엇이 우리들을 웃게 만드는지가 설명하기 더 어렵다.
**문맥** : pin down = describe

define ('경계를 결정해 내려놓다'): 정의하다, 규정하다

depict ('그려 내려놓다') 묘사하다 <picture
delineate ('선으로 그려 내려놓다') 묘사하다 <line
describe ('글로 써 내려놓다') 서술하다, 묘사하다 <scribe

논리구조: 정의 + 특징

Hoarding disorder is a mental health condition / defined by the inability to throw anything away.

(화제) 저장 질환. (정의) 정신 질환. (특징) 물건을 버리지 못함.

retract <draw back: '도로 끌어들이다'> 철회하다
→ withdraw (draw back) 인출하다, 철수하다
  retreat <retract: 물러가다, 후퇴하다. * to beat a retreat = to retreat

treat 대우하다, 대접하다, 치료하다

### 취업비결: 친절

When you go on job interviews, <u>always be nice to everyone</u>. "I like to check with the driver, our receptionist, and my assistants on how the candidate interacted with them. How you <u>treat</u> others <u>means the world</u>!"

취업 면접 보러 갈 때는, 언제나 누구에게나 잘 대해야 합니다. "저는 운전사와 안내인, 저의 보좌관들에게 취업 후보자가 그들에게 어떻게 대했는지 알아보는 것을 좋아합니다. 당신이 남들을 어떻게 대하는지는 지극히 중요합니다."

**표현** : to mean the world 지극히 중요하다. He <u>means the world</u> to me. 그는 내게 세상이나 마찬가지다.

---

retire <retreat: 물러가다, 은퇴하다.
retirement 은퇴

Most workers bow out at the normal retirement age.
대부분의 노동자들은 은퇴한다, 정상적인 은퇴 나이에.
**문맥** : bow out = retire

---

<u>subtract</u> ('끌어 내리다') 빼다
→ add(더하다), divide(나누다), multiply(곱하다)

tractable 다루기 쉬운(easily controlled) ↔ intractable

trait 특징

**Warren Buffett이 채용할 때 지원자에게서 찾아보는 3가지 특징**

(traits)

1. intelligence, 2. energy (initiative), 3. integrity (honesty, trustworthiness, incorruptibility)

1. 지능, 2. 에너지 (솔선수범), 3. 온전한 인격 (정직, 신뢰할 수 있음, 부패할 수 없는 성품)

라틴어 _ *stringere*(to draw) (string 끈으로 '탱탱' 끌어당기다)  23

## ○ string 끌어당기다

<L *stringere* : (끈으로 '탱탱') 끌어당기다

strain (동)탱탱하게 끌어당기다. (명)긴장
stress (동) ~에게 스트레스를 주다, 강조하다(emphasize).
(명) 스트레스, 압박. * strains and stresses 긴장과 압박
* post-traumatic stress disorder (PTSD) 외상 후 스트레스 질환

분석명상: 고요-몰입 → 스트레스 완화

Having quiet time to analyze your thoughts is associated with stress reduction.

조용한 시간을 갖고 자신의 생각을 분석하는 것은 스트레스 완화를 가져온다.

명상자료: 자기로부터 벗어남 → 지혜의 공간 생김

According to research, using either your first name or the pronoun "you" instead of "I" can make it easier to deal with stressful experiences.

연구에 의하면, 자기 이름(성은 빼고)이나 대명사 "너"를 사용하면, "나" 대신에, 스트레스를 주는 경험들을 다루기가 더 쉬워질 수 있다.

It's very easy for people to advise their friends, yet <u>when it comes to themselves, they have trouble</u>. But people engaging in this process, using their own first name, are distancing themselves from <u>the self</u>, and that helps them <u>perform</u>.

아주 쉽게 사람들은 친구들에게는 충고하나, 자기 자신에게 충고할 때는 어려움을 겪는다. 그러나 이런 일을 할 때 자신의 이름을 사용하면 자기 자신을 자기로부터 멀리하게 되고, 충고하는 데에 도움이 된다.

**문맥 :** when it comes to themselves, they have trouble = it's difficult for them to advise themselves. perform = advise themselves.

Adopting a service mindset can reduce stress and raises job satisfaction because it displaces the object of attention from <u>oneself</u>.

봉사하는 마음가짐을 채택하는 것은 스트레스를 줄이고 직업 만족을 높일 수 있는데, 그것이 관심의 대상을 자기 자신으로부터 옮기기 때문이다.

distress (동) 고통을 주다. (명) 고통(suffering), 고난(trouble)
SOS (signal of distress) 조난 신호

strict ('팽팽하게 당겨진') 엄격한

> 문맥센스

Paradoxically, Helen, who had been a strict mother to her children, proved a lenient mistress to her cats.
**논리** : 역설 - 헬렌: 자식들에게 - 엄격 / 고양이에게 - 관대

constrain ('함께 끌어당기다') 강요하다(force; compel), 억제하다(restrain)
constraint 억제, 압박. * budgetary constraints 예산상의 압박들
constrict ('함께 끌어당기다') 억제하다(restrict), 제한하다(limit)
constriction

Constraint can in some contexts be more liberating than freedom.
억제가 어떤 상황에는 자유보다 더 자유로울 수 있다.

restrain ('되 끌어당기다') 억제하다(hold back), 억누르다(suppress)
restraint

restrict (restrain) 제한하다(confine; limit)
restrictive 제한적인

### 건강정보: 여유 공간의 중요성

Researchers found that people, animals, and even worms (that had been) put on a calorie-restricted diet lived about 40 percent longer than their well-fed peers.

연구원들에 의하면 사람들과 동물들, 심지어 벌레들조차 칼로리를 제한하는 식사를 한 집단이 약 40% 더 오래 살았다, 잘 먹인 동료들보다.

### 문맥읽기

People who give voice to their negative emotions survive adversity better than those who are emotionally restricted.

부정적인 감정을 표출하는 사람들은 그런 감정을 억압하는 사람들보다 역경을 더 잘 견딘다.

**문맥** : People who give voice to their negative emotions ↔ those who are emotionally restricted (=those who do not give voice to their negative emotions)
**표현** : give voice to ~ = express ~

라틴어 _ *tendere* (to stretch) 뻗다  24

## ○ '탱탱' 뻗다

<L *tendere* (to stretch) 뻗다

tend ('뻗다') (~하는) 경향이 있다
tendency 경향
* have the tendency to = tend to = often; generally

### 순독순해

Small skills / have the tendency / to add up to / big careers.
작은 기술이 / 흔히 / 합쳐서 / 큰 직업이 된다.

**표현** : have the tendency to (do) = tend to (do) = often (do)

attend (~ '로 뻗다') ~에 참석하다, ~에 주의를 기울이다
* attend to = pay attention to, deal with. ~에 주의를 기울이다. 다루다

> 명상자료: 자세히 살펴봄 → 경이로움

The moment one gives close attention to anything, even a blade of grass, it becomes a mysterious, awesome, indescribably magnificent world in itself.      - Henry Miller

우리가 어떤 것이나, 심지어 풀잎 하나조차, 자세히 살피는 순간, 그것은 신비롭고, 놀라우며, 형언할 수 없이 장엄한 세계 자체가 된다.                                      - 헨리 밀러

---

contend ['함께 자신의 주장이나 힘을) 뻗다'] 싸우다, 주장하다
contender 경쟁자

extend ('밖으로 뻗다') 연장하다
extent 정도(degree), 범위(range). * to some extent 어느 정도

extensive 광범위한, 방대한(vast)

intend ['(대상)을 향해 (마음을) 뻗다'] 의도하다
intent 의도(intention), 목적(purpose). intentional 의도적인.

### 문맥센스

The evil that is in the world almost always comes of ignorance, and good intentions may do as much harm as malevolence if they lack understanding. - Albert Camus

세상의 악은 언제나 무지에서 나온다. 따라서 좋은 의도는 나쁜 의도만큼 많은 해를 끼칠 수 있다, 만일 그것이 무지에서 나온 것이라면.

**문맥** : malevolence (=bad intentions) ↔ good intentions. understanding (=wisdom) ↔ ignorance

intentionally 의도적으로(on purpose)
unintentionally 의도하지 않았는데

### 협상의 기술

"Saying: 'I'll give you my car for 9,000 Euros,' draws the attention of your opponent on your car - which is what they can gain."

"이렇게 말하는 것은, '내 차를 당신에게 주겠습니다, 9000유로를 주면' 상대방의 주의를 당신의 차로 끄는데, 이것(차)이 상대방이 얻을 수 있는 것이다.

On the other hand, if you say, "I want 9,000 Euros for my car," you unintentionally "emphasize the resource they would lose in case a deal is struck, namely the money he needs to shell out for the car."

반면에, 만일 당신이 이렇게 말하면, "나는 9000유로를 원합니다, 내 차에 대해," 당신은 의도하지 않았는데 상대방이 잃게 될 자원을 강조한다, 거래가 성사되는 경우에, 다시 말해 그 차에 대해 그가 지불할 필요가 있는 돈을.

**표현** : to strike a deal = to come to an agreement 합의에 도달하다.
to shell out = to pay 지불하다

intensive 집중적인(concentrated). intense 강렬한(very strong)
intensify 강화하다

### 건강정보: 자연에 맡겨라

Intensive treatment of diabetics increases the risk of dying compared to patients who are treated less aggressively.

당뇨병 환자의 집중적인 치료는 사망 위험을 증가시킨다. 덜 집중적으로 치료받는 환자들보다.

**문맥** : aggressive = intensive

### 인과관계: 구조(포장)와 정보

As temperatures rise, rainfall patterns change. Increased heat also leads to greater evaporation and surface drying, which further intensifies and prolongs droughts.

A warmer atmosphere can also hold more water - about 7% more water vapor for every 1°C increase in temperature. This ultimately results in storms with more intense rainfall.

**원인** : 기온 상승
**결과** : 1) 강우유형 변화, 2) 증가 - 증발 + 지표 건조 → 더욱 강화 + 연장: 가뭄, 3) 증가 - 보유 수분 → 태풍 + 더욱 강한 강우
**문맥** : Increased heat = The rise in temperatures = A warmer atmosphere. greater = increased. result in = lead to

portend ('앞으로 뻗다') 예고하다(presage)
→ forebode
  * bode ill (or well): to be a bad (or good) omen
  foretell 예언하다

  predict 예언하다
  prophesy 예언하다
  prophecy 예언

### 문맥센스: 대조(반대)

Having a small vocabulary portends poor school performance and, conversely, having a large vocabulary is associated with school success.

어휘력 부족 → 학교 성적 부진 / 어휘력 풍부 → 학교 성공(=학교 성적 양호)

문맥 : having a small vocabulary ↔ having a large vocabulary. poor school performance ↔ school success. portends = is associated with) [문맥의 뼈대만 파악하면 portends라는 단어는 몰라도 문맥 속에서 의미는 짐작할 수 있다.]

pretend ('미리 뻗다') 척하다(make believe)
pretension
pretentious

hypocrisy ('어떤 역을 하다') 위선
hypocrite 위선자

### 유머 쉼터: 일상적인 것의 파괴

I hope you have not been leading a double life, pretending to be / wicked and being really good all the time. That would be hypocrisy.           - Oscar Wilde

나는 네가 이중적인 삶을 영위하지 않기를 희망한다. 나쁜 척하면서 실제로는 항상 착하게 사는 것 말이다. 그건 위선일 테니까.
                                    - 오스카 와일드

**문맥** : wicked ↔ good

### 논리구조: 대조

Every man alone is sincere. At the entrance of a second person, hypocrisy begins.

누구나 혼자 있을 때는 진실하다. 다른 사람이 들어오면 위선이 시작된다.

**문맥** : sincerity (=being without hypocrisy) ↔ hypocrisy. At the entrance of a second person, hypocrisy begins = When he is with another person, he is a hypocrite.

> **명상자료: 정직은 합일로 가는 길**
>
> A new study from the Harvard Business School suggests that self-promotional attempt while pretending an air of modesty doesn't work.
>
> 하버드 경영 대학으로부터 나온 한 연구에 의하면 자기 자신을 추켜세우려고 시도하면서 겸손한 척하는 것은 먹히지 않는다고 한다.

tense 팽팽한, 긴장되어있는
tension 긴장

hypertension 고혈압(high blood pressure) <*hyper-*, over
hypotension 저혈압(low blood pressure)

・

여기까지 오신 것을 축하합니다!
이제 당신 앞에는 더 많은 행복이 기다릴 것입니다.